**이토록 평범한 내가
광장의 빛을 만들 때까지**

이토록 평범한 내가 광장의 빛을 만들 때까지

이유정
신지현
최윤주
이지윤
탐
박수빈
김후주
생강
엄지효

롤링다이스

추천의 글

　　시니어 페미니스트로서 이번 겨울은 '2030여성'의 지혜와 활약에 기대어 힘든 '국면'을 이겨내며 지내왔다. 그동안 나는 권위를 부여받은 해석자로 이들이 왜 일터에서 해고되고, 성폭력에 망가지고, 발언권을 도난당하고, 성소수자로 모욕당하는지 공감 어린 어설픔으로 이야기하며 살아왔다. 이 책 앞에서 내 한계를 기쁘게 인정한다.

　　이 책은 오랜 기간 광장으로 내몰리고 광장을 점유한 여성들의 경험 저장소다. 서로의 취약성을 감지하고 함께 돌보는 여성, 우울함 속에서도 열정과 사랑을 내뿜은 여성, 세상 바뀌기를 기다리기보다 바꿔내야 할 세상을 직접 만들겠다는 여성들이 자기의 언어로 목소리를 내고 저마다 기록을 남겼다. 남성성도, 정치권도, 기득권도 포스트-탄핵이 열어갈 확장적 민주주의의 담론장에서 물러나야 한다. 여성들의 외침을 경청하라. 그리고 겸허하게 받아적으라. 이것이 민주주의다. 광장을 경유해 온 다양한 삶의 기록을 남겨줘서 고맙다. 생명과 삶, 정의로움, 다양성, 평화, 사랑과 연대를 지켜내기 위한 여성들의 의지가 눈부시다. 이들은 '응원봉을 든 여성'이 아니고, 시인이자 사상가다. 우리는 함께 봄을 기다린다.

김현미
연세대 문화인류학과 교수

기획의 말

　계엄 선포문을 확인하고 느꼈던 참담함을 어떤 말로 표현할 수 있을까. 비통함이란 말도 충분하지 않다. 12월 3일, 국회로 가려는 나를 이제 막 퇴근해 외투도 벗지 못한 가족이 막아섰다. 무슨 일이 일어날지 모른다고. 나는 그래서 가야 한다고 말했다. 지난한 다툼 끝에 가족은 울면서 나를 붙잡았다. 결국 나는 집에서 국회의 계엄 선포 해제 소식을 확인했다. 다음 날 아침 트위터(현 엑스)에는 독재 정권을 겪었던 어른이 발포할지도 모르니 "우리가 앞에 섭시다"라고 이야기했고, 옆에 있던 어른들이 주저함 없이 "그럽시다" 하며 앞에 섰다는 일화가 올라왔다. 국회 앞에서 군이 진입하지 못하도록, 손을 맞잡고 버틴 시민들의 사진도 올라왔다. 국회가 조속히 계엄을 해제할 수 있었던 것은 계엄선포 소식을 듣고 국회로 향한 시민들 덕분이었다. 그분들께 빚을 졌다. 그 빚을 갚고자, 집회에 나 한 명이라도 보태고자 다음, 또 다음 집회에 나갔다.

　　　　매번 집회에 갈 때면 가방 안에 간식 봉지를 여분으로 하나 더 넣었다. 12월 7일, 아무런 준비 없이 첫 대규모 집회에 참석했을 때 그렇게나 빨리 배가 고플지 몰랐다. 국회의사당으로 가는 길에 들른 편의점에는 아직 해가 떨어지지 않았는데도 물건이 거의 없었다. 보온고에 있는 음료도 차가웠다. 하지만 이 물건도 곧 사라져 내 차례는 오지 않았다. 저녁이 되니 바람이 더 매서워졌다. 잠시 쉴 곳을 찾아 주차장 구석에 앉았다. 내 옆에는 간식 봉지를 정리하는 두 여성이 있었다. 아무런 말을 하지 않았는데도, 내가 어지간히 배고파 보였는지 한 분이 자신이 싸 온 간식 봉지를 건네주셨다. 통성명도 하지 않았으나 나는 그분 덕분에 늦게까지 자리를 지킬 수 있었다. 여분의 간식을 못 챙기는 날이면 핫팩을 대신 챙겼다. 친구들과 갈 때면 나도 친구들도 핫팩을 가져와 우리는 핫팩 부자가 되었다. 몸에도 핫팩을 두둑이 부착해 겨울바람을 견디고 섰다. 불법 비상계엄을 시도한 대통령과 그 일당이 마땅한 책임을 질 때까지 서 있을 작정으로.

　　　　어느 날은 역 앞에서 동행을 기다리는데 한 여성이 다가와 "지금도 여기에도 언제나 광장에는 여성들이 있었다"라고 쓰여 있는 스티커를 나눠 주셨다. 추위에 지고 배고픔에 지치고 언 발이 아픈데, 지칠 때마다

시선을 옮기면 앞에도 옆에도 뒤에도 온통 여성들로 가득했다. 어떤 날은 지쳐서 돌아가는데, 나와 다르게 친구와 앞으로 뛰어가는 여성들을 보았다. 깃발을 들고 행진을 이끄는 여성들, 은박 담요를 두르고 추위를 견디는 여성들, 피켓을 만들고 나누는 여성들, 자체 규약을 만들어 광장에서 배제와 차별을 쫓아내는 여성들, 셀 수 없이 많은 여성이 현장에 있었다. 우리는 보이지 않는 끈으로 연결된 것처럼 행진했다. 누군가 앞으로 가면 그 자리에 또 다른 여성이, 그 다음 자리에 또 다른 여성이 섰다. 이 책은 이 모든 장면에서 시작됐다.

그나마 있는 시사 프로그램에서는 늘상 나오던 인물들이 나와 여성들의 폭발적 발현을 보고, 마치 이 여성들이 갑자기 등장한 것인 양 호들갑을 떨었다. 팬덤 문화 때문에, 군대를 가지 않아서라는 분석을 부끄러운 줄도 모르고 쏟아냈다. 그들 중 아무도 여성들이 문화를 향유하는 그 잠깐의 순간에도 누군가를 배제하거나 차별하지 않기 위해 노력하며 민주주의를 줄곧 훈련해 왔다는 사실을 언급하지 못했다. 정치권이 시민사회 운동을 한낱 개별 집단의 요구쯤으로 깎아내릴 때도, 정치 혐오가 노골적으로 만연할 때도, 이 모든 경우에도 오래전부터 의제에 연대하며 광장을 지킨 것은 여성과 성소수자였다. 그런데도 광장을 채운 여성을 이야기의 주체로 세운 매체는 드물었다. 이러한 데서 온 반감 역시 이 책을 기획하게 된 동기다. 여성을 이야기의 주체로 세워 공감과 이해를 도모하고, 나아가 타인과 결속할 수 있는 책을 만들고 싶었다.

『이토록 평범한 내가 광장의 빛을 만들 때까지』는 12.3 불법 비상계엄 사태 이후 광장에 참여한 2030 여성들이 어떤 정동 속에서 기꺼이 현재의 정치적 주체가 되었는지를 조명한다. 제목의 "평범함"은 다수 시민(의 식별 불가능성)을, "나"는 행위자이자 주체를, "만들"은 능동성을 내포한다. '만들기까지'라 하지 않고 부러 "만들 때까지"라고 한 것도 완료형을 쓰고 싶지 않았기 때문이다. 광장의 빛은 계속해서 만들어질 테니까. 제목에 여성이 없지만 이 책은 여성 없이 존재할 수 없다. 이 책의 중심어를 단 하나 꼽는다면, 그것은 '여성'일 것이다.

이 책은 절망 속에서도 소중한 것을 지키기 위해 계엄의 날 국회에, 탄핵 소추안 가결을 위해 여의도에, 피의자 체포를 위해 한강진에, 농민을 지키기 위해 남태령에 간, 그래도 부족해서 계속 시위에 참여하는 여성들의 이야기다. 동시에 2030 여성이 정치 주체이자 행위자로서 광장에서 무엇을 경험했는지에 관한 이야기고, 어떤 세상을 바라는지에 대한 이야기며, 앞으로 어떤 태도를 견지하며 연대할지에 관한 이야기다.

왜 젊은 여성들은 그렇게 삶이 버거워 죽고 싶어 하면서도 앞장서서 광장에 모인 걸까. 어떤 마음으로 응원봉을 들었을까. 어떻게 타인의 존엄을 존중하는 조직

화가 가능했을까. 하나의 의제를 넘어 여러 사회적 투쟁이 맺고 있는 관계를 인지하고, 연대하는 주체의 탄생은 어떻게 가능했을까. 정치를 기피하던 개인이 어떻게 연대하는 주체가 될 수 있었을까. 앞으로 여성들은 어떤 연대를 구현할까. 이 책을 통해 이 모든 질문에 관한 답을 가늠할 수 있을 거라 믿는다.

2030 여성의 한 사람으로서

임소희

일러두기

· 각 장에 실린 사진은 저자가 직접 촬영한 사진이다.

차례

4 추천의 글
6 기획의 말

25
끝내 완성될 세계에서
이유정

47
우리의 작은 빛이 당신에게 닿을 때까지
신지현

75
그날, 광장에서 우리가 만난 세계는
최윤주

99
미친 여자들의 과거와 현재, 그리고 미래
이지윤

123
타국에 있지만 조국은 지켜야겠어
탐

151
민주 동덕에 봄은 온다
박수빈

165
연대의 힘으로 가득 찬 남태령
김후주

189
정신을 차려보니 다시 광장 앞에 있었다
생강

209
여기, 페미니스트가 나타났다
엄지효

여의도 집회 현장(2024.12.14.) ⓒ 신지현

광화문 집회 현장 ⓒ 신지현

광화문 집회 현장 ⓒ 신지헌

대한의 딸들 ⓒ이유정

남태령에 모인 시민들(2024.12.22.) ⓒ 김후주

도쿄 집회 현장　ⓒ 야베 신타(矢部真太)

남태령에서 한강진으로 행진하는 시민들 ⓒ이지윤

끝내
완성될
세계에서

이유정

'원래 그렇다'라는 말을 별로 좋아하지 않는다.
고향에 가면 '아직 시집을 안 간' 이상한 여자가 되었다가
서울에서는 '아직 경상도 사투리를 안 고친' 특이한 여자가 되지만
뭐 어쩌라고 싶다. 사투리 쓰는 할머니로 무사히 살아남아
여든에도 최애의 콘서트에서 응원봉을 흔드는 게 꿈이다.
그러려면 나 혼자만 잘 산다고 되는 일은 아니어서 자주 광장에 나간다.

과거의 광장이 나를 지금의 광장으로 데려다 놓았듯,
현재의 광장은 또 다른 미래에 다시 소환될 것이다.
그때도 응원봉과 깃발, 또는 새로운 무언가를 든 여성들이
선두에 서서 도달할 변화를 앞당기리라 믿는다.

오래 덕질해 온 가수의 콘서트가 있는 날이었다. 평일 저녁, 퇴근하고 곧장 공연장으로 가야 했기에 부랴부랴 응원봉을 챙겨 나왔다. 그때만 해도 동료들에게 내 응원봉을 오픈하게 되리라고는 생각지도 못했다. 실수로 떨어뜨린 가방에서 '쿵' 하는 소리가 나기 전까지는. "어? 뭐 깨지는 소리 아니에요?"라는 동료의 말에 화들짝 놀라 회사라는 사실을 잠시 잊고 응원봉의 안위를 확인하려던 것이 사건의 시작이었다. 다행히 꽁꽁 싸매둔 덕에 응원봉은 무사했지만, 동료들은 가방에서 나온 이 물건을 마치 처음 보는 사람들처럼 신기한 구경거리라도 되는 양 주위로 몰려들더니 온갖 질문을 쏟아내기 시작했다.

"와, 이거 응원봉이에요? 저 실물로 처음 봐요!"

"누구 응원봉이에요?"

"이거 왜 들고 왔어요?"

공연장에 가면 나는 그저 응원봉을 흔드는 수천 명 중 한 명의 덕후일 뿐인데, 덕질의 세계와 거리가 있던 동료들에게는 다소 생경했던 모양이었다. 갑작스레 집중된 시선이 부담스러워 괜히 숨겨야 할 무언가를 들킨 사람처럼 황급히 다시 가방에 넣으려는데, 한 동료가 나지막이 말했다.

"이런 거 갖고 있는 사람은 되게 특이할 줄 알았는데, 그냥 똑같은 평범한 사람이네요."

난생처음 들어보는 말에 당황해 잠깐 멈칫했다가, 이내 자세를 고쳐 잡고는 마치 쇼호스트라도 된 것처럼 본격적으로 '응원봉'에 대해 소개하기 시작했다. 동료들은 이 장난감 같은 봉 하나가 몇만 원씩 한다는 사실에 놀랐다가도, 곡의 분위기에 맞춰 응원봉의 색을 일제히 조정하는 '중앙제어 시스템'에 대해 설명하자 그럴 만하다며 금세 납득했다. 전혀 몰랐던 세상을 알고 나면 그제야 다시 보이는 풍경들이 있다. 얼마 뒤 계엄 사태가 터지고 광장의 알록달록한 응원봉 물결을 본 다른 동료는 이렇게 말했다. "아니, 유정 님처럼 응원봉 있는 사람들이 그렇게나 많은 줄 몰랐잖아요."

일련의 사건들을 겪으며 적어도 내 동료들은 응원봉 흔드는 사람들을 더 이상 '이상하거나 특별한 존재'로 바라보지 않게 되었다. 하지만 우리 사회가 '응원봉을 든 여성들'을 대하는 시선을 보면 깨뜨려야 할 낡은 편견이 아직 많은 듯하다. 이번 윤석열 퇴진 집회가 거듭되는 동안, 광장이라는 정치적 공간에서 '여성 청년'의 존재를 마치 처음 목격한 것처럼 놀라워하는 사람들이 많았다. 지난 10여 년간 뜨거운 햇볕이 내리쬐던 어느 여름날에도, 손발이 얼어붙을 것 같은 한겨울의 어느 날에도 광장에서 20대와 30대의 많은 시간을 보냈던 나는 지금에서야 갑자기 '새롭게 부상한 정치적 주체'로 호명되는 이 현상이 상당히 낯설고도 불편했다.

강남역 살인 사건부터 미투 운동, 불법 촬영, '낙태

죄' 폐지에 이르기까지 내게 광장은 한 인간으로 존엄하게 생존하기 위한 처절한 투쟁의 현장이었고, 유일하게 '시민성'을 인정받는 공간이었으며, 같은 세상을 꿈꾸는 동료 시민들을 두 눈으로 확인하는 연대의 장이었다. "여성을 위한 국가는 없다"라는 명제를 여실히 체감하며 매번 절망했다가도 그런 국가를 어떻게든 바꾸어 살아가 보겠노라 다시 다짐하게 됐다. 일상에서는 자주 패배했지만 광장에서만큼은 드물게 승리를 경험했고, 그렇지 못한 순간에도 언젠가 승리하게 될 거라는 이상한 낙관을 안고 돌아오고는 했다. 내가 시민으로서 배워야 할 거의 모든 것은 광장과 광장의 여성 시민들에게서 배웠다. 그리고 그때 경험들이 2024년 겨울, 나를 광장으로 다시 이끌어 주었다.

분노하는 힘이
광장으로
모일 때

"괜찮으면 우리 내일 여의도에서 볼까? 가슴에 화가 불타오르고 있어."

갑작스럽게 계엄령이 선포되고 이틀이 지난 목요일 밤, 다음 날 보기로 한 친구에게서 연락이 왔다. 연말을 앞두고 오랜만에 얼굴이나 보자며 일찌감치 잡아둔 약속이었는데, 도저히 불금을 즐길 기분이 아니니 같이 집회에 가자는 거였다. 내 분노 게이지도 만만찮게 높은 상태였으므로 우리는 두말할 것 없이 약속 장소를 강남에서 여의도로 바꾸었다. 국회의 대통령 탄핵 소추안 표결을 앞두고 2차 계엄이 언제 또 있을지 모른다는 불안감과 시시각각 속보가 쏟아지는 와중에 연말 분위기는 쉬이 누릴 수 있는 것이 아니었다.

계엄은 살아생전 처음 겪는 일이지만 그간 숱한 종류의 사회적 분노를 느껴본 입장에서는 지금의 이 분노를 다스릴 가장 강력한 방법 또한 이미 경험으로 잘 알고 있었다. "나도 말한다!"라는 성폭력 고발의 목소리가 분야를 가리지 않고 쏟아졌던 그해, 나는 마음속에서 차오르는 깊은 분노를 어쩌지 못한 채로 미투 운동 집회에 참여했다. 생존 여성들의 말하기가 온라인과 오프라인을 가리지 않고 끊임없이 이어지고 있었다. 당시 내가 일하던 분야도 예외는 아니어서 많은 후배들이 존경하며 따랐던 업계 선배들을 향한 폭로가 하나둘씩 터져 나왔다. 같은 목표를 안고 성실하게 일했던 가까운 여성 동료들이 자신을 걸고 어렵게 꺼낸 이야기들을 들을 때마다 이 세계의 비열함을 또렷이 마주하게 됐다. 가해자로 지목된 이들 중에는 나의 전 상사도, 불과 얼마 전까지 메일을 주고받으며 함께 일했던 사람도 있었다. 밖에서는 '평화'와 '연대'의 가치를 소리 높여 말하던 이들이 정작 내부에서는 가해자의 얼굴을 하고 있었다는 모순이 견디기 힘들었다.

미투 집회

 동시에 용기 있게 목소리를 낸 사람들이 되려 '배신자'로 낙인찍혀 또 다른 상처를 받게 되는 현실도 생생하게 목격했다. 사회적으로는 안희정 전 충남지사의 성폭력이 1심에서 무죄 판결을 받고 피해자 김지은 씨를 향한 2차 가해가 한창이던 시기였다.[1] 아스팔트의 뜨거운 열기가 고스란히 느껴지던 여름, 무엇이라도 해야겠다는 심정으로 거리에 나갔다. 개인의 잘못으로만 치부해 버린 일도 광장에 모이면 실은 겹겹이 쌓인 사회구조적 문제였다는 걸 알게 된다.
 민주주의 사회에서 광장에 나가는 건 시민들의 결집된 목소리로 사회적 의제를 만들어 가는 가장 직접적인 방법

---

[1] 이후 2심과 대법원에서는 안희정 전 충남지사의 유죄가 최종 확정되었다.

이다. 집회에 참여함으로써 성폭력을 묵인하는 세상을 향해 분명하게 경고하고, 동료들과 같은 처지에 놓인 수많은 생존자들에게 우리가 곁에 있다는 사인을 보내고 싶었다. 종로 역사박물관 앞에는 '피해자가 될 수도 있었던' 많은 여성들이 모였다. 여성이라는 이유만으로 겪는 차별과 폭력을 경험적으로 잘 알고 있고, 강남역 살인 사건을 통해 '나는 그저 운이 좋아 살아남았다'는 사실을 이미 깨달은 사람들이었다. 나는 "이 땅에 살아남은 우리 모두가 김지은이다"라고 쓴 피켓을 들고 "우리는 여기 있다. 너를 위해 여기 있다"라는 구호를 목청껏 외쳤다.

광화문을 지나 인사동 일대까지 행진하는 동안, 분노하는 힘에 대해 내내 생각했다. 이 사회의 구성원으로서 분노해야 할 때를 명확하게 알고 직접 행동하는 것이 얼마나 중요한지도 알게 됐다. "미투가 바꿀 세상, 우리가 만든다"라는 집회의 구호를 주문처럼 계속 되뇌며, 세상이 바뀌기를 기다리기보다 바꿔내야 할 세상을 직접 만들어 가겠다고 결심했다. 거센 분노가 그보다 훨씬 센 에너지의 용기로 바뀌는 순간이었다. 나는 더 이상 과거로 돌아갈 수 없다는 것을 직감했다. 광장에 모인 분노는 사회적 메시지로 승화되고 결국 그 메시지대로 세상이 바뀐다는 것도. 이번 겨울, 나는 다시 분노하기 위해 광장으로 갔다.

여성혐오라는
분노의 원형

 이번 퇴진 집회에 참여했던 일차적인 이유는 물론 계엄으로 시작된 내란 사태에 대한 분노였다. 민주주의의 가치와 국민의 권리쯤은 손쉽게 훼손해 버리는 자가 최고 권력자의 자리에 계속 있어서는 안 된다고 생각했다. 하지만 그것만이 유일한 이유라고 단언하기에는 명쾌하게 설명되지 않는 구석이 있었다. 내가 느낀 분노의 원형은 시간이 지나면서 점차 그 실체가 명확해졌다. 그것에 대해 이야기하려면 20대 대선을 앞둔 겨울로 거슬러 올라가야 한다.

 페미니즘 리부트 이후, 정치 영역에서도 여성 청년들의 참여가 활발해졌다. '페미니스트 시장' 슬로건을 내세운 신지예 씨가 서울시장 후보로 출마했고, 21대 국회의원이 된 당시 정의당 장혜영 의원은 국회에서 그간 논의되지 못한 여성 의제를 적극적으로 길어 올렸다. 그 뒤를 이어 20대 대선 국면에서는 텔레그램 'n번방' 성착취 사건을 세상에 알린 '추적단 불꽃'의 박지현 씨가 민주당에 합류하기도 했다. 나를 대변하는 정치인의 존재는 집회에 참여하는 행위 이상으로 정치에 대한 관심을 끌어올리는 계기가 되었다. 내 삶과 긴밀하게 연결된 이슈를 정치적 아젠다로 만들어 가는 또래 여성 정치인을 보면서 그 자체로 정치적 효능감을 느꼈다.

하지만 당시 국민의힘과 윤석열 후보는 이 흐름을 가볍게 외면한 채 완전히 반대의 행보를 보이기 시작했다. '안티 페미'를 주창하는 극우 남초 커뮤니티를 등에 업고 여성 주권자를 노골적으로 무시하는 노선을 택한 것이다. 대선 후보의 입에서 나온 "구조적 성차별은 없다"라는 말에 여성들이 그간 일터와 삶터에서 겪은 모든 종류의 차별은 빠르게 지워졌다. 곧이어 그는 "여성가족부 폐지"라는 무성의하고도 무례한 일곱 글자를 SNS에 올리기도 했다.

한 국가를 아우르는 지도자로 나선 자가 국민의 절반이 겪은 차별을 외면하고도 당당할 수 있다는 점에 놀랐다. 여성들도 엄연한 주권자이며 이들도 1인 1표를 행사할 수 있다는 사실을 잊은 듯한 행태에 이 사회에서 내 존재 자체가 부정당한 느낌이었다. 그간 몇 번의 대선을 포함해 여러 차례 선거를 경험했지만 주권자로서 이렇게까지 모욕적인 선거는 처음이었다. 지난 대선에서 20~30대 여성의 투표율이 남성보다 특히 높았던 것은 이 모욕감이 반영된 결과였을 것이다.

윤석열 정권은 대선 당시의 문제적 공약들을 당선 이후 현실 정치로 이어갔다. 여성가족부 장관은 임명되지 않았고 성차별을 완화하기 위한 각종 지원은 줄어들었다. 지난 2년간 이 모든 광경을 지켜본 내가 이번 퇴진 집회에 참여하는 것은 당연한 수순이었다. 여성혐오 정권이 탄생하고 지속하는 과정에서 함께 자라났던 분노가 계엄을 계기로 폭발하게 된 셈이다. 이 분노의 원형은 민주주의에 대한 위협만이 아니라 점점 확산하고 있는 여성혐오에 분명하게 뿌리를 두고 있었다.

우리가
연결되어 있다는
감각

  국회의 두 번째 탄핵 소추안 표결이 있던 토요일 오후, 핫팩과 응원봉을 챙겨 여의도로 나섰다. 이번엔 통과되겠지 싶다가도 지난주의 부결 결과를 떠올리며 내심 불안한 마음을 한편에 안고 혼잡한 여의도역 3번 출구를 빠져나왔다. 매서운 빌딩바람을 뚫고 국회의사당 방면으로 걸어가는데, 앞서가던 사람들이 자꾸만 걸음을 멈추고 무언가를 찍어댔다. 시선을 따라가자 유독 높이 휘날리는 깃발 하나가 눈에 들어왔다. 깃발에는 '개복치인식개선협회'라는 글자와 함께 귀여운 개복치 그림이 그려져 있었다. 반가운 마음에 나도 모르게 깃발 쪽으로 발길이 향했다.

  모르는 사람에게 먼저 다가가 말을 건네는 건 평소라면 절대 하지 않을 행동이지만 그날만큼은 예외였다. 깃발을 보자마자 내가 덕질하는 가수의 팬이라는 걸 바로 알아차렸기 때문이다. 개복치에 관한 노래를 발표해 팬들이 '개복치인식개선협회장'이라는 별명을 붙여줬던 것이다. 이

드넓은 여의도 한복판에서 같은 가수의 팬을 만나다니, 다른 사람들처럼 그냥 사진만 찍고 지나칠 수가 없었다. 이런저런 이야기를 나누고 있는데, 또 다른 사람이 자신도 팬이라며 인사를 건네왔다. 좋아하는 가수의 전국 투어 콘서트가 있던 날, 공연장 대신 집회에서 이렇게 모이게 된 것이 어쩐지 묘했다. 모두 처음 만난 사이였지만 같은 깃발 아래에서 한참 수다를 떨다가 서로 챙겨온 핫팩과 피낭시에를 주고받았다. 노래에 맞춰 신나게 응원봉을 흔들다가도 색색깔의 다양한 불빛 무리에서 같은 응원봉을 발견하기라도 하면 그렇게 반가울 수가 없었다. 같은 대상을 좋아하는 사람들이 같은 세상을 염원하며 광장에 함께한다는 든든함이 집회를 마치고 돌아오는 순간까지 계속 남아 있었다.

집회로 발길을 이끄는 일차 동력이 '분노'라면, 집회가 진행되는 동안 강렬한 추위 속에서 몇 시간을 버티게 하는 힘은 지금 우리가 함께하고 있다는 '연대감'에서 온다. 그런 점에서 우리가 연결되어 있다는 감각을 가장 크게 알려준 집회는 혜화역에서 열린 '불법 촬영 편파 수사 규탄 집회'였다. 이 집회는 그간 여성이 피해자인 수많은 불법 촬영 범죄에서는 더디게 진행되던 수사가 남성이 피해자인 한 사건에서만 유독 빠르게 진전되자 여성들이 차별적인 수사에 분노하면서 시작됐다. 보통의 집회들과 달리 시민단체나 정당이 주최하지 않은 새로운 형식이었고, 규모 면에서도 전국에서 수만 명의 여성들이 모인 역사적인 자리였다.

혜화역 집회 때는 참가자에 대한 위협과 불법 촬영

낙태죄 폐지 집회

윤석열 퇴진 집회

이슈로 신변을 철저하게 감추어야만 했다. 마스크와 두건, 선글라스로 얼굴을 최대한 가린 이들은 그날의 드레스 코드인 '빨간색'으로 서로를 알아보았다. 대전, 광주, 대구, 부산 등 전국 곳곳에서 전세한 단체 버스가 들어왔고, 워낙 인원이 많아 시작이 한참 지연된 상황에서도 새롭게 합류하는 사람들을 환호로 맞이했다. 자리를 잡고 앉으면 앞뒤와 양옆에서 마스크며 쿠키, 사탕 등의 간식들이 계속 건네졌. 집회가 시작되고 얼마 지나지 않았을 때, 차도 바깥쪽에 앉은 여성들이 피켓을 옆으로 드는 모습이 눈에 들어왔다. 처음엔 햇볕 때문이거나 얼굴을 가리는 목적이겠거니 생각했다. 그런데 옆에 버스나 차가 정지할 때마다 피켓을 일제히 옆쪽으로 들어 올리는 거였다. 그들은 버스 승객들과 이 대열 바깥의 사람들에게 우리가 모인 이유를, "나의 일상은 너의 포르노가 아니다"라는 피켓의 구호를 어떻게든 알리기 위해 애쓰고 있었다. 그 사실을 알아차리고는 나도 버스가 다가오면 피켓을 옆으로 부지런히 돌렸다. 버스 안의 한 여성이 "우리가 이긴다"라는 글귀가 적힌 휴대폰을 보여주었던 장면을 아직도 잊을 수 없다.

이름도, 나이도, 심지어는 얼굴도 모르는 사이였지만 이날 여성들은 광장에서 모두 한마음으로 연결되어 있었다. 집회의 목적은 함께 목소리를 높이는 것만이 아니라, 함께 화내고 아파하고 또 응원하는 서로의 존재를 두 눈으로 확인하고 연대하는 데 있다는 걸 나는 혜화역에서 배웠다. 그로부터 6년이 흐른 뒤, 딥페이크 성범죄가 등장하자 주저

없이 혜화역으로 향했던 건, 우리에게 다시 연대가 필요한 시간이 왔기 때문이었다.

　　이번 퇴진 집회에서도 함께하는 수많은 사람들에게서 전해져 오는 강력한 힘이 있었다. 답답한 뉴스들에 속이 꽉 막히는 것 같다가도 광화문에서 펄럭이는 깃발들과 사람들을 보면 괜스레 든든해져서 긴 싸움을 이어갈 기운을 받아오고는 했다. 집회의 에너지가 가장 최고조로 집결되는 순간은 마지막 순서인 '행진'이다. 참가자로서도 구호를 외치며 걸어가는 동안 이 집회의 일원으로 함께하고 있다는 감각이 가장 생생하게 체감된다. 행진은 보통 교통을 통제하고 차도 위에서 진행되는데, 이 '도로'라는 공간이 주는 묘한 짜릿함도 있다. 평소에는 차만 오갈 수 있는 제한된 구역에서 구호를 외치며 걸어갈 때면, 우리가 바라는 세상이 머지않은 미래에 곧 당도할 것만 같은 기분이 든다.

　　또 행진을 하다 보면 자연스럽게 행진 대열과 대열 바깥이 구분될 수밖에 없는데, 인파로 가득한 번화가 앞을 지나갈 때는 어쩐지 다들 구호를 외치는 목소리에 힘이 좀 더 실린다. 이번 집회도 광화문에서 출발해 명동과 남대문을 지나는 동안 길거리의 사람들을 마주칠 때마다 누군가는 깃발을 더 거세게 흔들었고, 누군가는 목소리를 더 높였다. 행진 대열 바깥의 시민들도 함께 구호를 외치거나 응원을 보내며 화답했다. 노랫소리에 맞춰 일제히 펄럭이는 끝없는 깃발 행렬을 볼 때마다 우리는 결국 이길 수밖에 없다는 자신감이 충전되곤 했다.

참신하고 재치 있는 온갖 협회와 단체의 깃발들 가운데 어떤 깃발을 따라서 행진할지 결정하는 것도 또 다른 재미다. 그날의 기분이나 자리 잡은 위치에 따라 '전국집에누워있기연합'이 되었다가 '맘편하게덕질하고싶은사람들'이 되기도 하고, '(부모가 2찍이지만 자식 된 도리로 부모가 싼 똥 치우는) 불꽃효자연합'에 소속되기도 했다. 그러다 어느 날은 우연히 페미니스트 깃발들이 선두를 지키는 대열을 따라가게 됐다. 트럭에서 마이크를 잡은 한 활동가가 외쳤다.

"지금 이 행렬의 선두에는 페미니스트들이 있습니다. 제 눈앞에 있는 깃발의 구호를 함께 외쳐보겠습니다."

"페미니스트가 요구한다. 윤석열은 물러나라!"

이 구호를 듣는 순간 바로 깨달았다. 지금 이 길거리에 서 있을 수밖에 없는 이유를, 또 계속 광장에 나오게 되는 이유를. 내가 바라는 세상은 내란 수괴와 공범들의 파멸만으로 완성되지 않는 것이었다.

'여성 청년'의 존재가 당연해지는 세계

분노와 연대의 힘으로 광장에 나온 사람들이 한 번에 그치지 않고 계속해서 모일 수 있는 건 전과는 다른 세상을 만들겠다는 열망이 있어서다. 그리고 그렇게 직접 변화를 이뤄내 본 경험이 있는 사람들에게는 지금을 버티는 일이 조금은 더 익숙하다. 이번 겨울의 퇴진 집회를 긴 시간 거듭 이어갈 수 있는 것도 우리가 지난 박근혜 탄핵을 겪으며 정의로 가는 길이 얼마나 험난하고 지난한지를 이미 잘 알고 있기 때문이다. 모든 집회는 시기와 크기, 모양은 제각기 다를지라도 저마다의 자취를 남긴다. 다음 챕터로 넘어가는 과정에서 배우는 교훈이 있고 궁극적인 결과로서의 성과가 있는가 하면, 우리 사회가 겪는 집단적인 성장도 시민 개개인이 얻는 개인 차원의 성취도 있다.

나에게 가장 또렷하게 각인된 성취는 헌법재판소의 '낙태죄' 헌법불합치 판결이었다. 여성이 자신의 몸에서 일어나는 일을 스스로 통제할 수 없고 국가가 그 권리를 제한하는 것이 부당하다는 생각에 임신 중지 합법화를 요구하는 낙태죄 폐지 집회에 나갔다. 손에 잡히는 뚜렷한 변화랄 것 없이 광장에 나가야 하는 이슈만 계속 더해지는 것 같은 무력감의 시기를 통과하는 때였다. 그래도 일단 광장에 나간다는 행위가 중요했다. 바라는 변화의 크기가 클수록 속도는 더디기 마련이니까. 아무것도 바뀌지 않는 것 같은 순간에도, 최소한 그 자리에 있었던 나 자신은 바뀌었으니까. 끈질긴 목소리들이 모여 다행스럽게도 이제 여성의 임신 중지가 더 이상 범죄가 아닌 세상이 되었다. 그간의 집회들도 나름 유의미한 성과들이 있었지만 낙태죄 폐지 집회는 법적인 변화를 이끌어 냈다는 점에서 더욱 특별했다. '나 하나 광장에 나간다고 뭐가 바뀌겠어' 하며 지레 포기하지 않고, 꾸준히 외치다 보면 더디더라도 세상은 언젠가 바뀐다는 걸 실감한 소중한 승리였다.

　　헌법재판소의 판결이 있던 날, 몇 년이 지나고 나서야 임신 중지 수술 경험을 조심스레 털어놓았던 한 친구가 떠올랐다. "맞아 죽을지도 몰라서" 차마 아빠에게는 말 못하고, 엄마에게만 겨우 말해 수술해 주는 병원을 찾아다녔다고 했다. '낙태'가 죄가 아닌 세상이었다면, 친구가 두려움과 수치심으로 시간을 보내지 않아도 됐을 것이다. 헌법재판소 판결이 나온 뒤 다른 친구는 기념 문구와 날짜를 새긴 수건을 만들어 보내주었다. 지금도 그 수건을 볼 때면 우리가 이뤄낸 변화를 떠올리며 새삼 뿌듯해진다.

　　현재진행형인 이번 집회에서는 '페미니스트'라는 오염된 단어의 회복을 중요한 성취로 힘주어 말하고 싶다. '안티 페미'에 뿌리를 둔 윤석열 정권에서 페미니스트에 덧씌워진 편견이 강화되는 동안, 우리 사회에서 페미니스트라는 사실을 안전하게 공개할 수 있는 공간은 점차 사라졌다. 보수적인 경상도 집안에서, 젊은 남자 동료들이 가득한 남초 직장에서 나는 '페미'와는 거리가 먼 사람인 척하기 위해 늘 애쓰고 조심해야만 했다. 하지만 이번 광장에서는 발언대에 오른 여성들이 자신을 페미니스트로 당당히 소개하고, 행진에는 페미니스트의 깃발이 휘날렸으며 동료 시민들은 페미니스트의 구호를 함께 외쳤다. 광장은 페미니스트가 존재 자체로 환대받는 드문 공간이자 다른 페미니스트 동료 시민들을 만날 수 있는 장이었다. 물론 광장 곳곳에서도 불

쑥불쑥 혐오가 나타나고, 일상에서는 여전히 많은 위험과 차별을 감수해야 하지만 페미니스트로 숨 쉴 공간이 생겼다는 해방감은 이번 광장의 분명한 진전이다.

또한 광장은 지난 대선에서 존재를 부정당하며 모욕감을 느껴야 했던 여성 청년이 시민성을 다시 회복하는 장소이기도 했다. 2030 여성들로 가득 찬 광장을 팬덤 경험 때문이라거나 물리력이 필요하지 않았기 때문이라고 납작하게 해석하는 이들에게 분명하게 말하고 싶다. 여성 청년은 정치적 주체성을 가진 동등한 시민으로서 언제나 존재해왔다고. 우리는 지난 10여 년간 여성들의 고통에 놀랍도록 무감각한 사회에 맞서 더 이상 모욕을 당연하게 받아들이지 않기로 선언한 것이다.

친구들과 우스갯소리로 대체 언제까지 길거리에 나와야 하는지에 대해 한탄한 적이 있다. 이러다가는 할머니가 돼서도 지팡이를 짚고 광장에 나가야 할지 모르겠다는 농담을 주고받았다(사실 농담이 아닐지도 모르겠다). 앞으로는 그럴 일이 되도록 없기를 바라지만, 지금까지의 경험으로 보건대 살아가면서 또 비슷한 순간과 마주하게 되리라는 것을 안다. 이 사회를 살아가는 시민으로서 목소리를 내고 함께 힘을 보태야 하는 순간이 온다면 그때도 주저하지 않고 기꺼이 광장으로 향할 것이다. 나의 안위가 내가 속한 사회의 안녕과 결코 무관할 수 없다는 사실을 너무나도 잘 알기 때문이다.

다른 정체성을 가진 서로를 이해하고 존중하는 광

장 안의 세상이 광장 밖에서도 이어지기를 바란다. 그리고 앞으로 나아갈 새로운 세계에서는 여성 청년을 동료 시민으로 만나는 일이 어디에서건 그리 낯설거나 놀랍지 않았으면 한다. 광장을 수놓은 응원봉의 불빛들만큼이나 우리는 사회 곳곳에서 스스로 반짝이며 존재하고 있다. 과거의 광장이 나를 지금의 광장으로 데려다 놓았듯, 현재의 광장은 또 다른 미래에 다시 소환될 것이다. 그때도 응원봉과 깃발, 또는 새로운 무언가를 든 여성들이 선두에 서서 도달할 변화를 앞당기리라 믿는다. 간절히 바라던 세계는 그리하여 끝내 완성될 것이다.

우리의
작은 빛이
당신에게
닿을 때까지

신지현

케이팝과 가수 샤이니의 오랜 팬이며, 샤이니의 사진을 SNS에 찍어 올리는 취미가 있다. 덕질과 일상의 소중함을 지켜내고자 광장으로 나온 응원봉 시민들에게 힘이 되고 싶다는 생각 하나로 카메라를 들고 광장으로 달려갔다. 작은 용기를 내 12월 7일 200여 명의 팬들과 함께 합동 시위를 주최했다. 평범한 응원봉 시민이자 카메라 덕후이다.

응원봉은 비단 다양성과 사랑, 연대만을 뜻하지 않는다.
응원봉이 가진 '평화성'은 계엄이라는 '폭력성'과
가장 반대되는 가치다.
...
빛은 언제나 어둠을 이긴다.

나는 아이돌 가수와 케이팝을 좋아하며 이들의 사진을 찍는 취미가 있는 20대 여성이다. 2024년 12월 3일 저녁, 평소처럼 친구와 케이팝 모임을 하고 집으로 돌아가는 길이었다. 그때 뉴스 속보를 들었다. 대통령이 비상계엄을 일으켰다는 뉴스였다. 어안이 벙벙했다. 그날 이후 일상을 전부 차지하던 케이팝이 생각나지 않을 만큼 내 관심사는 온통 뉴스 속보뿐이었다. 곧이어 평소 케이팝 이야기로 가득하던 SNS에도 시국을 논하는 이야기들로 가득 찼다. 그날 밤 국회로 달려간 시민 중에는 나와 같은 가수를 좋아하는 친구도 있었다. 그녀는 가족들의 만류에도 불구하고 12월 4일 새벽 2시 20분, 자신이 가진 가장 밝은 빛인 민트색 응원봉을 들고서 집을 몰래 빠져나와 국회로 향했다. 국회로 뛰쳐나간 그녀는 12월 4일 새벽 6시가 다 되어서야 국회를 떠나 출근길에 올랐다. 나는 그날 부채감과 고마움, 미안함에 제대로 잠을 이루지 못했다. 긴 새벽을 보내고 난 뒤, 내 안에서 가장 크게 자리한 고민은 '내가 할 수 있는 일은 무엇인가?'라는 질문이었다.

나는 2016년 광화문을 떠올렸다. 박근혜 대통령 탄핵 집회가 한창이던 겨울, 한 국회의원의 "바람 불면 촛불은 꺼진다"라는 망언으로 집회 참석자들이 응원봉을 들고 광화문으로 향했고 그것이 응원봉 시위의 시작이었다. 나 또한 그 사건 이후 촛불 대신 모 아이돌 그룹의 응원봉을 들고 집회에 참석했었다. 당시만 해도 응원봉을 들고 집회에 참석하는 사람이 많지 않았기에 광장에서 응원봉을 든 경험은 나에게 특별했다. 서로 다른 응원봉을 든 여성들은 자연스럽게 한데 모였고 서로를 보호하며 연대했다. '낯선 타인의 보호 안에서 느낀 안전과 연대'는 박근혜 탄핵 시위 당시 내가 계속 탄핵 시위에 나갈 수 있는 원동력이 되었다.

    그러나 분노를 연료로 달리면 사람은 금방 지치기 마련이다. 나는 내 주변에 케이팝을 좋아하는 사람들이 지치지 않고 시위에 계속해서 나갈 수 있게, 평화적이고 긍정적인 경험을 경험할 수 있게 돕고 싶었다. 한편 응원봉을 들고 집회에 가는 것은 아티스트를 정치와 연관 짓는 것이며 팬들이 나서서 아티스트와 정치적 견해를 연관 짓지 말라는 우려의 목소리를 내는 사람도 있었다. 하지만 내가 사랑하는 아티스트는 정치적 옳음과 소수자들을 외면하는 사람이 아니다. 그는 SNS에 대한민국 헌법 제1조 2항을 올리며 팬들이 투표를 하도록 독려하는 아이돌 가수이며, 나 하나로 세상이 바뀌지 않더라도 방향을 잡고 옳은 쪽으로 나아가야 한다고 말했던 '옳고 그름에 목소리 낼 줄 아는 사람'이다. 나는 옳음을 알고 행동할 줄 아는 내 가수의 신념을 따라 행동하는 팬이 되고 싶었다. 그렇게 나는 내가 가진 가장 작은 용기를 내어 깃발을 만들고 뜻을 함께하는 친구들을 모아 SNS 계정을 만들었고 12월 7일 토요일, 합동으로 시위에 나갈 것을 독려하는 글을 게시했다. 용기의 시작이었다.

카메라를 들고
광장으로 달려간 이유

나는 연예인의 사진을 찍는 취미가 있다. 사람들은 나와 같이 팬클럽 활동을 하며 연예인의 사진과 영상을 찍어 SNS에 업로드하는 덕후들을 이른바 찍는 덕후라는 뜻인 '찍덕' 또는 홈마스터의 줄임말인 '홈마'라고 부른다. 그렇다면 사진을 찍는 덕후가 가진 무기는 무엇일까, 문인은 붓으로 싸운다는 말이 있듯, 나처럼 카메라가 있는 사람들의 무기는 바로 '사진과 영상'이다. 이들이 올리는 사진과 영상은 케이팝 시장에서 팬들의 이목을 집중시키는 중요한 요소이자 보는 이들의 가슴을 끓게 만든다. 나는 이 점을 잘 이해하고 있었기에 광장으로 나온 수많은 응원봉을 찍어 SNS에 게시하여 응원봉 시민들로 하여금 '참여하고 싶은 광장'을 만드는 데 보탬이 되고자 마음먹었다.

그렇게 나는 12월 6일 금요일, 퇴근 후 카메라를 들고 여의도 광장으로 달려갔다. 광장에는 12월 4일부터 하나둘 모인 다양한 응원봉들이 저마다 빛을 내고 있었다. 나는 응원봉 시민들의 동의를 구해 집회에 나온 각종 응원봉을 촬영한 뒤 SNS에 게시했고 기대했던 것처럼 누리꾼들은 광장으로 나온 색색의 응원봉 사진에 많은 관심을 보였.

그 뒤 수많은 연락을 받았다. "내가 좋아하는 가수의 응원봉 사진들을 보고 나 또한 집회에 나갈 힘을 얻었다", "같은 응원봉을 보니 나도 부끄럽지 않은 팬이 되고자 광장으로 나가야겠다" 등의 긍정적인 메시지들이었다. 받은 메시지들을 보며 '광장의 응원봉' 의미에 대해 다시 생각해 봤다. 응원봉의 본래 쓰임은 자신이 사랑하는 연예인을 응원하기 위한 도구다. 이 응원봉이 광장으로 나온다는 것은 자신이 가진 가장 값진 마음인 '사랑' 때문이라는 생각이 들었다. 우리는 내 국가, 내 가족, 자유 등 내가 사랑하는 모든 것을 지켜내고자 각자가 가진 가장 밝은 빛을 들고 한데 모였던 거다. 연예인을 응원하기 위한 응원봉이든 촛불이든 빛나는 전구든 그 형태는 중요하지 않다. 응원봉은 그저 수단이다. 중요한 것은 그 안에 빛나는 마음일 것이다. 나는 이 빛나는 마음들을 내가 가진 가장 소중한 물건인 카메라로 포착하여 광장의 응원봉 시민들 연대에 힘을 보탤 수 있음에 기뻤다. 그렇게 나는 2024년 12월 7일 토요일, 같은 아이돌 가수를 좋아하는 팬들을 모아 함께 합동으로 시위에 참여하였다.

12월 7일, 연대의 순간들

합동 시위를 계획하고 실행하는 것은 혼자서는 할 수 없는 일이었다. 나는 함께 합동 시위를 운영할 사람들을 모으기 위해 이런 계획이 있다는 사실을 SNS에 밝혔고 뜻을 함께할 사람들을 모집했다. 감사하게도 3명의 2030 여성들

이 모였다. 우리는 우리처럼 모인 응원봉 시민을 돕고 싶었다. 덕분에 함께 합동 시위를 계획하고 실행할 수 있었다. 혼자라면 하지 못했을 일을 사랑하는 아티스트가 같다는 이유로 모여 해낸 것이다. 이것이 내 첫 번째 연대의 순간이었다.

12월 7일 토요일 아침, 우리는 여의도에 모여 깃발과 시위 참여자들에게 나누어 줄 나눔 물품을 준비했다. 응원봉 시민들의 연대가 잘 이루어질지에 대한 걱정 반 기대 반으로 긴장과 설렘이 가득한 시간이었다. 떨리는 마음을 안고 20명에서 30명 정도만 참여해 주어도 많이 와준 것이 아닐까 생각하고 있었다. 공지한 시간이 다 되었을 때 우리가 예상한 것보다 훨씬 많은 50명이 넘는 여성들이 모여주었다. 그중에는 재미있는 깃발을 만들어 온 참여자도 있었다. 오후 2시가 되어 준비한 깃발을 들고 합동 시위 참여자들을 시위 현장으로 인솔하는 도중, 현장의 사람들이 함께 오고 있나 확인하기 위해 중간중간 뒤를 돌아볼 때마다 민트색 응원봉을 든 사람들이 계속해서 늘어났다. 사람들을 모두 인솔하여 시위 현장에 앉히고 나니 그 수가 족히 150명이 넘었다. 응원봉을 든 우리가 한데 모여 있으니 그 주변으로 다른 모양의 응원봉을 든 여성들도 계속 모였다. 응원봉이 응원봉을 불러들인 셈이었다.

그렇게 깃발을 들고 200여 명의 응원봉 시민들과 여의도 광장에서 집회 현장을 지켰다. 날씨는 춥고 바람은 거세게 불어서 깃대를 지탱하기 힘들었지만, 수많은 사람들과 뜻을 함께하고 있다는 사실에 오히려 힘이 났다. 어떤 이는 내게 팬들에게 나누어주라면서 핫팩을 주고 가기도 했고 고생이 많다며 초콜릿을 주고 가기도 했다. 인파가 점점 밀집되면서 사람들이 길목에서 서로 밀치고 지나가자 부족한 경찰 인력을 대신하여 시민들에게 한 줄로 다녀줄 것을 목청껏 외쳐 광장의 질서를 정리했다. 어느 누구도 시키지 않은 일이었지만 우리는 묵묵히 역할을 해내며 사람들이 넘어지지 않도록, 누구 하나 다치지 않도록 주의를 기울였다. 경찰은 밀집한 시위 인구 사이를 지나가기 바빴고 응원봉 시민들이 빛나는 경광봉을 사용하여 질서를 유지했다. 그렇게 계속 질서를 정리하다 보니 우리를 시위 현장의 안내 요원인 줄 아는 시민들이 생기는 마냥 웃지 못할 해프닝도 벌어졌다.

      시간이 점점 흘러 해가 저물고 응원봉들이 하나둘 빛을 내기 시작했을 때 주위를 둘러본 나는 말로 다 못 할 아름다운 광경에 전율했다. 분노를 빛으로 승화한 응원봉들이 아름다운 빛을 내고 있었다. 이렇게나 다양한 빛나는 것들을 들고나온 수많은 사람들이 한마음 한뜻으로 핫팩과 마스크를 나누며 민주주의를 수호하기 위해 모인 그림을 보고 있으니 벅차고 눈물이 났다. 응원봉을 든 여성들이, 응원봉 시민들이 자랑스러웠다. 이날, 대통령의 탄핵 소추안은 부결되었지만 슬퍼할 시간이 없었다. 내 옆에 나를 믿는 응원봉 시민들이 있고 서로가 있었기에 오히려 힘을 내서 다시 싸울 의지가 타올랐다. 곧이어 행진을 알리는 사회자의 목소리에 모두 자리에서 일어났다. 우리는 광장을 수놓은 수

많은 빛 사이에서 민트빛 물결이 되어 국회 앞으로 나아갔다. 경찰이 길을 막아 더 이상 앞으로 나아가지 못하는 순간에도 우리는 뭉쳐서 광장에서 나오는 케이팝 노래를 따라 부르며 연대했다. 군인의 얼이 군가로부터 나오는 것과 같이 광장의 케이팝은 응원봉을 든 시민들에게 얼이자 투쟁가요였다. 같은 응원봉을 들고 같은 색의 빛을 든 서로가 있기에 서로의 빛을 벗 삼아 지치지 않고 투쟁할 수 있었다.

7일의 합동 시위가 끝난 뒤 응원봉을 든 많은 여성들이 다음 집회에 필요한 물품을 지원하겠다는 의사를 밝혀왔다. 그들의 따뜻한 마음은 핫팩 600여 개, 방석 50여 개, 장갑 50여 켤레, 응원봉 건전지 300여 개로 아름답게 모였다. 같은 색 응원봉을 든 시민들의 연대가 빛나는 순간이었다.

따로,
또 함께

12월 7일 집회에 참여하고 SNS의 합동 시위 계정에 응원봉 사진을 게시한 뒤 우리는 각종 언론사와 매거진에서 많은 연락을 받았다. 응원봉 시위에 대한 기사와 영상물을 제작하려고 하니 내가 촬영한 사진과 영상을 제공받을 수 있겠냐는 문의였다. 정말 기뻤다. 박근혜 전 대통령의 탄핵 집회 이후, 2030 여성들이 주축이 된 응원봉 시민들을 기록하는 데 내 사진들이 보탬이 될 수 있어서, 젊은 여성층이 정치에 대한 관심이 높다는 것을 알리는 데 이바지할 수 있기에 더할 나위 없이 보람찼다. 2016년에도 나를 비롯한 많은 여성들은 똑같이 광화문 광장에 있었다. 그러나 이번 시위에서는 분명히 젊은 여성들이 더 큰 목소리를 내고 있었다. 이는 응원봉이 다른 응원봉을 불러들이고 젊은 여성이 다른 여성들과 연대하며 서로를 불러들였기에 가능한 일이라고 생각한다. 여성들의 연대가 낳은 거대한 민주주의의 흐름이었다.

그러던 중 한 매거진에서 응원봉 시민들을 촬영한 영상을 제공받을 수 있는지 물어왔다. 나는 마침 응원봉 시민들이 케이팝에 맞추어 노래를 부르는 모습을 촬영한 자료가 있었고 여성들이 정치에 참여하는 모습을 알리는 데 도움이 될 것이라는 생각에 자료의 제공 의사를 밝혔다. 하지만 자료를 전달받은 매거진 측에서는 받은 영상을 끝내 게시하지 않았고, 정치 주제를 자주 노출하면 구독자들이 피로해질 수 있어 철회했다는 답변이 돌아왔다. '정치는 사람들에게 피로감을 불러일으키는 것일까?' 아무리 생각해도 나는 동의할 수 없었다.

응원봉 시민들이 시위 현장에서 노래하며 퇴진을 외치는 모습이 담긴 영상이 매체를 통해 세상에 공개된다면 시위에 나가는 응원봉 시민들에게는 웃음과 연대 의식을 고취하고, 정치적 주제도 충분히 피로하지 않게 노출할 수 있다고 판단했다. 무엇보다 자랑스러운 응원봉 시민들을 세상에 알리고 싶었다. 케이팝 시장에서 무대 위의 주인공은 항상 연예인들이며 카메라는 무대 위 연예인들을 찍기 위해 존재해 왔다. 그러나 나는 12월 7일 토요일, 여의도에서 케이팝에 맞춰 탄핵을 외치며 국가와 민주주의를 위해 투쟁하는 응원봉 시민들이 '여의도 광장'이라는 무대 위에 선 주인공처럼 느껴졌다. 그런 응원봉 시민들이 매우 자랑스러웠기에 무대 위의 연예인들을 찍는 마음으로 촬영한 것이다.

그러한 이유로 나는 SNS에 응원봉 시민들의 영상을 영상을 업로드했고 많은 사람들이 게시물에 관심을 보였다. 그 뒤 한 방송국에서 우리를 인터뷰하고 싶다는 연락을 받았다. 우리가 합동으로 시위를 하게 된 이유를 널리 알린다면 응원봉을 든 시민들이 용기를 얻고, 더 적극적으로 광장에 나올 수 있을 것이라는 생각이 들었다. 한편 몇몇 매체에서 응원봉 시민을 '과거와 달리, 정치에 새롭게 관심을 가진 기특한 여성'이라는 시각의 기사들을 내기도 했다. 그중 한 매거진은 '정치에 관심을 보이는 기특한 빠순이'라는 자극적인 주제로 기사를 내고자 하니 내가 찍은 사진 자료들을 제공해 달라는 요청을 하기도 했다.

나는 응원봉 시민들을 '광장으로 나온 기특한 오타쿠'라는 프레임으로 보는 것은 잘못되었다고 생각한다. 응원봉은 그저 빛을 내기 위한 수단이지 응원봉 또는 응원하는 가수를 좋아하고 있음을 알리기 위해 시위에 나온 것이 아니다. 응원봉을 든 광장의 여성들이 여성이라는 이유로,

유명 가수의 응원봉을 들고나왔다는 이유만으로 응원봉 시민들을 낮추어 부르는 것은 잘못이라고 생각했다. 시위에 참여하는 이들은 성별과 나이, 손에 들고나온 것에 상관없이 그저 '광장에 나온 시민'으로 봐주었으면 하는 마음을 말하고 싶었기에 인터뷰를 수락하고 SNS에 인터뷰 수락의 의사를 공개했다. 그러나 인터뷰 의사를 밝히고 난 뒤 팬들의 반응은 좋지 않았다. 소수인 우리가 팬들의 대표자 자격으로 나서는 것은 옳지 못하다는 여론이었다. 우리는 같은 응원봉을 들고 있기에 팬들의 대표처럼 보일 수 있고 우리의 의견이 주류로 받아들여져 오해를 낳을 수 있다는 점을 조금은 간과하고 있었다. 더 이상 주목받는 행동은 피해달라는 사람들의 의사를 수용해 인터뷰를 취소하고 12월 14일에 예정된 합동 시위도 철회했다. 합동 시위를 준비하며 지원받은 물품은 응원봉 시민들이 개별적으로 집회에 참여할 때 사용할 수 있도록 현장에서 배부했다.

　　12월 14일 도착한 여의도에는 훨씬 더 많은 인파들로 가득했다. '오늘은 지난주처럼 같은 응원봉을 든 팬들과 연대의 순간을 경험하지는 못하겠구나'라는 생각에 아쉬운 마음이 들었지만 시위 현장에서 물품을 나누어 준다는 소식을 듣고 찾아온 이들의 따뜻한 말 한마디에 한 조각 아쉬움조차 눈 녹듯 없어졌다. "집회에 나가는 것을 망설이고 있었는데 덕분에 나올 수 있었어요.", "혼자 시위에 참여했는데 함께라서 든든했어요.", "이제 합동 시위가 없다니 좀 아쉬워요.", "춥고 힘들어서 집에 가고 싶은 순간이 많았는데 옆

자리를 든든하게 지켜줘서 버틸 수 있었어요.", "지난주에 함께 있지는 않았지만 덕분에 오늘 용기 내서 나왔어요." 등 민트색 응원봉을 든 수많은 여성이 물품을 받아 가며 우리에게 격려와 응원의 말을 전해주었다.

물품을 전부 나눠갈 때쯤 탄핵이 가결되었다는 사회자의 외침이 광장에 울렸고 소녀시대의 〈다시 만난 세계〉가 광장에 울려 퍼졌다. 나는 그 순간 터져 나오는 눈물을 참으며 2주간 함께 고생해 준 응원봉 시민이자, 나의 친구를 껴안고 기뻐했다. 그날, 광장에는 환희와 희망으로 가득 찬 사람들의 함성이 케이팝과 함께 메아리쳤다. 우리의 또 다른 연대의 순간들이었다. 비록 같은 응원봉을 든 이들이 한데 모여 시위에 참여하지 않았지만, 우리는 따로, 또 함께 연대하고 있었다.

그 뒤 나는 12월 21일에도, 24일 크리스마스이브에도 자꾸자꾸 광장으로 달려 나갔다. 더 이상 합동 시위를 할 수 없다는 상실감이 비집고 들어올 틈이 없었다. 색색의 응원봉들과 해학이 담긴 깃발들을 보고 있노라면 절로 가슴이 뛰었다. 카메라를 들고 사람들 옆을 지나가며 재미있는 깃발이 있으면 사진을 찍고 재치 있게 응원봉을 꾸민 응원봉 시민들에게 다가가 서슴없이 인터뷰를 했다.

크리스마스이브에 윤석열의 탄핵을 위해 모인 이들은 저마다 이날을 재미있는 방식으로 즐기며 집회에 참여했다. 뜨개질로 트리를 만들어서 전구를 감아온 여성, 깃대에 전구를 감아 아름답게 꾸민 여성, 응원봉들을 긴 장대에 대

롱대롱 매달아 트리처럼 꾸민 여성, 심지어 산타와 루돌프 복장을 하고 온 여성 등 정말 다양한 사람들이 저마다 재치 있고 재미있는 방식으로 집회에 참여했다. 그중 가장 기억에 남는 이들이 있다면 산타와 트리 자매를 꼽을 수 있다. 언니와 동생이 함께 직접 만든 산타와 트리 코스튬을 입고 집회에 나와 거리를 걷는 장면이 매우 인상적이었다. 나는 서로의 행복과 자유를 위해 거리로 나온 두 자매의 우정과 마음에 감동했다. 기념 촬영을 해서 보내줄 테니 이메일을 알려주지 않겠느냐는 나의 제안에 두 자매는 경계 하나 없이 선뜻 포즈를 취해주었다. 낯선 타인이 호의를 보이면 경계부터 하는 요즘 세상에 여성들은 상대방의 궁금증에 흔쾌히 대답하고 사진 촬영을 허락하는 등 마음을 열어주었다. 광장의 힘이었다. 나는 혼자였지만 수많은 사람들과 함께였고 마음으로 연대했다. 그렇게 우리는 따로 또 같이 연대의 순간을 기쁘게 나눴다.

한강진의 별

1월 3일부터 시작된 3일간의 한강진 밤샘 시위가 있었을 때 나는 친구들과 함께 다시 그 자리를 지켰다. 경복궁, 광화문, 남태령을 지나 한강진에서도 윤석열의 체포만을 기다리는 시민들과 함께하기 위해서였다. 1월 3일 밤,

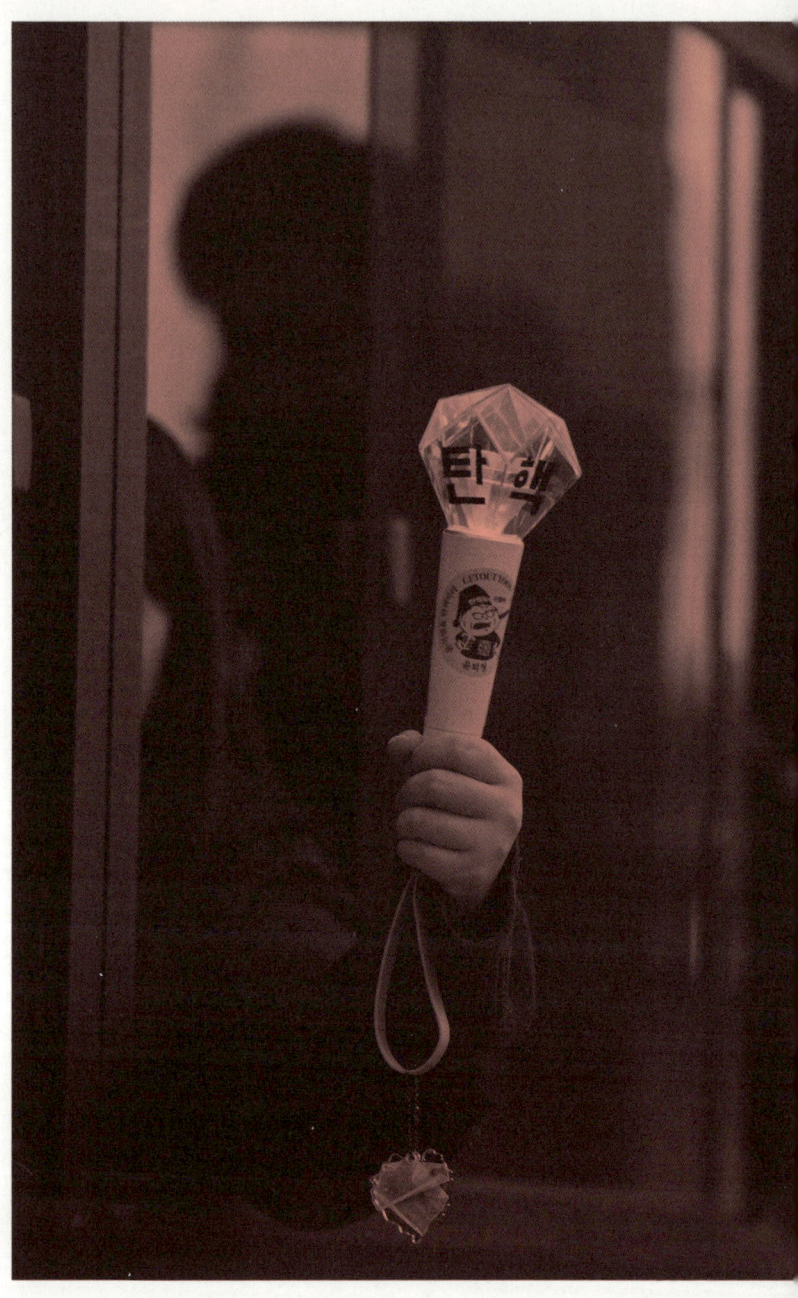

한강진에 도착하니 이미 많은 사람들이 윤석열의 체포를 위해 모여 있었다. 철야 시위에서 자유발언을 경청하던 중 한 민주노총 소속 간호사의 자유발언이 내 마음을 울렸다. 그는 고개를 들어 하늘을 바라보라며 이 어두운 밤하늘에도 별이 있다고 희망을 놓지 말라는 말을 했다.

      자유발언을 듣고 고개를 올려 밤하늘을 바라보니 정말 별들이 가득했다. 실로 오랜만에 보는 서울의 밤하늘 별들이었다. 나는 저 별들이 한강진에 모여 있는 응원봉과 빛나는 물건과 빛나는 마음을 가지고 온 시민들 같다고 생각했다. 문득 이 감정과 생각을 글로 정리하여 자유발언을 해야겠다는 생각이 들어 주최 측인 민주노총 부스에 가서 자유발언 신청을 했다. 발언 순서를 기다리며 어느새 시간은 자정이 넘어 심야가 되었지만 사람들은 지칠 줄 모르며 자유발언을 이어갔고 꼰벤뚜알 프란치스코 수도원에는 사람들이 준비한 물과 간식, 핫팩들이 계속 쌓여 갔다. 거리에서는 시민들을 위한 어묵 차가 제공되었으며 후원된 난방 버스가 들어왔고 일신홀 여자 화장실에는 핫팩, 휴지, 여성용품들이 계속 쌓였다. 수많은 시민의 연대 속에 추위도 추운 줄을 몰랐고 졸음이 오지 않았다. 몸이 고돼도 정신이 또렷할 수 있다는 기분을 처음 느꼈다. 1월 4일 새벽 5시, 나는 자유발언 단상에 올라 나는 오늘 응원봉 시민의 한 사람으로서 자유발언을 했다. 다음은 내가 한 자유발언의 일부를 발췌한 내용이다.

추운 투쟁을 시작한 지도 어느덧 한 달이
넘었습니다.

모두 외롭지 않으십니까.
힘들지 않으십니까.
싸움이 길어질수록 때로 내 주변에서 나 혼자
싸우는 것 같아 외롭지 않습니까.

때로 저도 그러합니다.

그러나 흔들리지 마십시오.
그것이 저들이 원하는 것입니다.

우리가 왜 광장으로 나왔습니까.

나의 가족, 나의 연인, 내가 사랑하는 일상,
나의 조국, 나아가 사랑하는 모든 존재를 지키고자
나오지 않았습니까.

맞습니다.
사랑이 저희의 가장 큰 원동력입니다.

한 달이라는 시간 동안 싸워주신 여러분께
감사하다는 말을 하고 싶습니다.

싸웁시다. 우리는 사랑하는 모든 것들을 지키기 위해서 싸워야 합니다.
외로워 마십시오. 광장으로 나오십시오.
함께하겠습니다.

제가 앞에 올라와서 바라보니 오늘 밤하늘의 가장 높은 별들이 가장 낮은 이 땅에 내려와 있는 것 같습니다.

그 별이 바로 이 자리에 있는 시민 여러분입니다.
그만큼 여러분의 마음이, 열정이 아름답습니다.

응원봉을 들었든 아니든, 모든 분들의 마음이 빛나는 응원봉입니다.

한 달이라는 시간 동안 내가 느꼈던 감정은 때론 기쁨과 감사함이었으며, 때로 외로움과 고통이었다. 그러나 한강진에서 빛나는 것들을 들고 밤을 가로질러 희망을 외치고 있는 이들을 보니 외로움이라는 감정은 온데간데없고 마치 시민들이 밤하늘의 별처럼 느껴졌다. 나는 이 감정을 담아 시를 썼다. 한강진을 지켜준 이들을 위한 시.

한강진의 별

고개 들어 밤하늘 바라보니
그 많던 별들 간데없다

모두 어디로 갔나

고개를 내려 헤아려 보니 주위가 밝다
가장 낮은 이 땅에 별들이 전부 내려와 있었구나

사람들은 저마다 가슴에 별을 품고
어둔 하늘로 희망을 쏘아 올린다

밤하늘에 수많은 희망이 수놓아진다

밤을 가르고 하늘로 쏘아 올린 하얀 희망들이
어둠을 헤치고 사람들의 가슴에, 머리에 내려와
앉았다.

    1월 4일 새벽 4시의 한강진에서는 여전히 케이팝이 흘러나왔다. 나도 모르게 자리를 털고 일어나 그동안의 슬픔과 고통 그리고 무력감을 온몸으로 털어내듯 흘러나오는 노래에 맞추어 덩실덩실 춤을 추었다. 다들 같은 마음이었다.

그런 우리에게 고생이라도 했다는 듯 그날 아침 해와 함께 눈이 내려와 어깨를 감쌌다. 품 안에서 응원봉을 쥐고 은박 담요를 머리끝까지 덮고 있는 모습에 키세스 초콜릿을 닮았다 하여 우리를 '키세스단'이라고 불렀다. 초콜릿보다 달콤한 가치인 민주주의를 수호하기 위해 모인 사람들의 마음을 기억하며 나는 앞으로도 시위에 나가겠노라 다짐했다.

**우리의
작은 빛이 모여
어둠을 걷어내길**

나는 광장에 나가는 것이 즐겁다. 해학이 담긴 다양한 피켓들과 깃발들을 보고 있노라면 가슴이 뛴다. 이렇게나 다양한 사람들이 한데 모여 한마음으로 민주주의를 위해 노래하고 연대하는 모습이라니, 나는 광장에서 비로소 희망을 느낀다.

케이팝 덕질과 시위는 끝내 권리를 되찾아 낸다는 점에서 닮아 있다. 2030 여성들이 주 소비자층인 엔터업계는 유명인을 앞세워 오랫동안 소비자들을 착취해 왔다. 불필요하고 과도한 상업성 마케팅을 하는 회사, 소비의 여부를 선택할 수 없는 상품들, 팬들을 지나치게 통제하는 방송

국과 경호 회사 등 어느 아이돌 가수를 좋아하든 케이팝 팬들에게는 탄압받은 역사가 존재한다. 그러나 모 아이돌 팬덤은 부적절한 대관 장소를 공연장으로 잡은 소속사를 상대로 보이콧 시위를 하여 결국 대관 장소를 변경하는 데 성공한 역사가 있었다. 2016년 박근혜 탄핵 시위 당시 국민들이 몇 달을 싸워 이듬해 봄 마침내 박근혜를 탄핵할 수 있었던 것과 마찬가지로 덕질과 시위는 빼앗긴 권리를 찾기 위한

움직임이라는 점에서 공통점이 있다. 집회의 양상은 달라졌다 할지라도 그 안의 민주주의 의미는 변하지 않는다는 것을 우리는 기억해야 할 것이다.

응원봉은 비단 다양성과 사랑, 연대만을 뜻하지 않는다. 응원봉이 가진 '평화성'은 계엄이라는 '폭력성'과 가장 반대되는 가치다. 빛은 언제나 어둠을 이긴다.

나의 작은 용기가 당신에게 닿아 커다란 용기가 되기를
우리의 작은 빛이 모여 커다란 어둠을 걷어내기를
추운 밤, 긴 어둠 지나고 새 태양이 밝아오기를
어둠 속에서 함께한 우리의 연대가 오랫동안 기록되기를
의지와 확고한 신념을 지키며 내 세상을 지켜내면서 살기를
수많은 절망에도 불구하고
세상에는 희망을 꿈꾸는 몽상가가 필요하니까.

그 날,
광장에서
우리가 만난
세계는

최윤주

95년생. 나이 중심적 사고를 너무 열심히 싫어하다 결국 그 안에 갇혔다.
세대와 문화 경험에 주목하며 만화 평론을 쓰고, 가끔 음악도 다룬다.

그렇게들 죽고 싶어 하면서
대체 왜 앞장서서 광장으로 모여든 걸까?
내일을 기대하지 않으면서 다음을 위한 자리에 모여든
마음은 무엇일까?
어쩌면 바로 이 질문에 도착하길 오래 기다렸는지도
모르겠다.

시간이 많이 흐른 뒤에도 평생을 기억하며 한 번씩 들춰보게 될 것 같은 순간들이 있다. 그중 몇몇은 순간을 겪고 있는 한가운데서 그런 예감이 든다. 따지고 보면 그리 대단한 일은 아니었다고 나중에 밝혀질지라도, 평생을 기억할 것 같다는 바로 그 예감 때문에 오래도록 기억에 남아버리기도 한다. 2024년 12월 둘째 주 토요일의 국회 앞에서도 나는 평생을 예감했다. 12월 대부분의 토요일에 광장에 있었지만 시간이 지나도 남을 단 하나의 순간을 고르라면 고민할 것도 없이 지금일 것이라 생각했다. 이렇게만 말해도 모두가 떠올릴, 대통령 탄핵 가결의 순간이었다. 스크린을 통해 송출되던 엄숙한 국회의장의 모습과 함께 탄핵이 가결되었다는 선언이 들려왔다. 그때 나는 사람이 가득 찬 대로에는 설 자리가 없어 엉거주춤 인도의 끝자락에 서 있었고, 하필이면 그 구역의 스피커에 문제가 있었다. 가결을 알리는 바로 그 순간에 〈다시 만난 세계〉가 유독 희미하고도 어렴풋하게 들려왔던 건 그래서였다. '…설마, 다시 만난… 세계인가…?' 동터 오는 해를 식별할 수 없어 눈을 찌푸리는 사람처럼 전주부터 아득하게 들리는 노래에 주저했지만, 서서히 정체를 드러낸 것은 일찍이 익숙한 그 노래가 맞았다. 역사의 한 장면으로 페이드인하던 노래 덕에 유독 그 순간이 극적으로 남았다. 하필 시각적으로도 유난히 예뻤다.

탄핵 가결의 순간, 모두가 약속이라도 한 듯 풍선을 하늘 위로 올려보냈다. 쾌청하던 겨울 하늘에는 슬슬 노을이 드리우고 있었다. 푸른 하늘, 노을, 그 노을을 본뜬 듯 오른편에 피어오르던 주황색 풍선들, 왼편에서는 동트듯 들려오던 노래, 환호하거나 울음을 터뜨리던 거리를 메운 시민들. 파노라마로 찍은 것처럼 그 순간의 구석구석이 생생히 기억난다. 겨우 30년쯤 살고서 '평생'을 말하는 것이 어설픈 생각을 나도 한다. 아는데도 섣부른 말을 하는 것은, 아주 거대하고 강렬한 풍경은 한 사람의 삶에서 복선이나 예언보다는 질문으로 작용한다는 것을 알기 때문이다. 풍경이 무수한 질문이 되어 연달은 시간을 대답을 찾는 데 보내다 보면, 잊고 싶어도 잊을 수 없게 된다는 것을 알고 있었다. 그날 나는 궁금했다. 어째서 2007년 발매된 소녀시대의 〈다시 만난 세계〉가 이렇게까지 탄핵 가결의 순간에 어울릴까. 2016년, 새 시대의 투쟁을 위해 고르고 골랐을 이화여대 학생들의 노고를 감안하더라도 신기할 만큼 절묘했다. 어떤 세계를 열어젖힐 만큼 벅차고 힘 있는 선율과 가사 이상의 것이 그 노래와 풍경에 담겨 있었다. 서서히 불이 켜지는 응원봉으로 가득 찬 2024년의 거리에서야 비로소 제자리를 찾은 느낌이 들기도 했다.

그리고 또 궁금했다. 〈다시 만난 세계〉를 광장까지 끌고 간 젊은 여성들이 나와 같은 풍경을 눈앞에 둔 채, 실은 각자 어떤 세계를 만나고 있던 건지. 아주 가까운 친구들 앞을 제외하고 내내 입 밖으로 꺼내지 못했던 비밀 한 가지를 고백하자면, 언젠가부터 이 노래는 내게 기쁘고 희망차기만 한 노래가 아니게 됐다. "슬픔 이제 안녕"이나 "널 생각만 해도 난 강해"진다 같은, 탄핵 소추안이 가결된 그 극적인 순간에 어울리는 가사들보다 "이 세상 속에서 반복되는 슬픔"이나 "울지 않게" 같은 말들에 훨씬 마음이 붙들렸다. 양각으로 빛나는 가사보다는 푹 팬 음각에 가까운 가사들로 그 노래를 마음에 새겨 왔다. 그날 광장에 도착하기 위해 내가 지나온 것 역시, "헤매임의 끝"을 그리지 못한 채로 걸어온 "수많은 알 수 없는 길"이었다.

"눈앞에 선 우리의 거친 길"과 "다시 만난 우리" 사이에서 나는 '우리'라는 말을 곱씹었다. 내게 '우리'란 거리에 모여든 200만 명으로 대표되는 시민만을 의미하지 않았다. 학교와 직장, SNS와 콘서트장에서 그 누구보다 가깝게 마주쳤던 또래 여성들을 떠올렸고, 그들을 다른 시민들보다 조금 더 선명히 '우리'로 감각했다. 그리고 옆 사람을 위한 핫팩과 응원봉을 들고 모여든 그 여성들이 내가 익히 알던 얼굴의 주인이 맞다면, 용기를 내어 이것을 꼭 묻고 싶었다. 젊은 여성들은 그토록 삶을 버겁게 여기면서, 조금 더 가감 없이 말하자면 그렇게들 죽고 싶어 하면서 대체 왜 앞장서서 광장으로 모여든 걸까? 내일을 기대하지 않으면서 다음을 위한 자리에 모여든 마음은 무엇일까? 어쩌면 바로 이 질문에 도착하길 오래 기다렸는지도 모르겠다. 나를 위한 것이기도 한 절실한 질문을 공유하고 싶어 이 글을 쓴다.

이야기의
시작

　광장이 아주 낯선 곳은 아니었다. 내가 처음 광장에 발을 들인 것은 2014년이었다. 대학교 1학년 스무 살 때였고, 세월호 참사가 있던 해였다. 차가 다니지 않는 대로변 한가운데를 시민들과 걷고 통행을 금지하는 경찰을 피해 새 길을 찾는 것에 이미 경험이 있었다. 그 경험이 나를 장기적으로 시위에서 활약할 전문성 있는 인력으로 만들어 준 것은 아니지만, 2016년 박근혜 탄핵 시위에 참여하는 것을 최소한의 당연한 의무로 느끼게는 했다. 이번 시위도 마찬가지였다.
　　하지만 〈다시 만난 세계〉에 관해 이야기하려면 당연히 그보다 훨씬 이전으로 가야 한다. 언제로 가야 하는지는 정확히 말할 수 있다. 2008년. 하필 그 해가 기억의 한가운데 선명하게 박혀 있는 것은, 내가 중학교에 입학한 해이자 샤이니와 아이유가 데뷔한 해이기 때문일 것이다. 춘추복을 입은 채 교실을 청소하던 내게 샤이니 이야기를 하던 친구가 떠오른다. 음악 방송 한 번 챙겨본 적 없어 갓 데뷔한 샤이니를 두고 그게 뭐냐고 묻던 나를 함께 청소하던 아이가 황당하게 쳐다봤었다. 광장의 그 무수한 장면들 속에서도 하필 소녀시대의 〈다시 만난 세계〉를 콕 집어 말한 사람이 음악 방송 한 번 챙겨본 적 없다고 하면 의외일지 모르겠다. 챙겨본 것이 아닐 뿐 본 적 없는 것은 아니지만 정말로 그 시기에 아이돌은 내 관심사가 아니었다.

　　음악을 좋아하긴 했다. 일과의 대부분을 책상 앞에서 보내야 하는 중학생의 사생활은 아주 제한적이어서, 음악은 일상을 움직이는 중요한 동력이었다. 어디에선가 언니가 경품으로 얻어다 준 검은색 MP3, 세 손가락을 이어 붙인 것보다도 작았던 그 가벼운 기기 안에 중학교 3년간의 기억이 정돈되지 않은 플레이리스트처럼 뒤죽박죽 섞여 있었다.

　　SM의 노래들도 그 안에 있었다. 특별히 팬이었던 것은 아니지만, 기억 속에 알알이 박혀 있는 노래 대부분은 SM 가수들의 것이다. 어떻게 기기 안으로 흘러 들어왔는지도 모르는 샤이니의 〈JoJo〉와 〈사.계.한(Love Should Go On)〉, f(x)의 〈Sorry(Dear. daddy)〉, 제시카와 온유가 부른 〈1년 後(One Year Later)〉를 매일 들었다. 사실 그들 노래는 구태여 찾아 듣지 않아도 곳곳에 늘 있었다. 언니의 CD 플레이어로 같이 듣던 보아의 『No.1』 앨범을 참 좋아했다. TV를 통해 우연히 접했던 노래 중에서도 결국 마음에 안착한 것은 SM의 노래들이었다. 드라마 〈꽃보다 남자〉 OST인 〈Stand By Me〉는 샤이니의 것이었고, f(x)의 크리스탈과 루나가 부른 〈신데렐라 언니〉 OST 〈불러본다〉도 좋아했다. 햅틱 광고를 생생히 기억하는 것은 배경 음악이던 소녀시대의 〈힘내〉로 각인된 탓이다. 중학생 때 반한 그 노래들을 지금도 듣는다. 그런 식으로 언제고 마주치면 뒤를 돌아보게 하는, 계기 같은 노래들이 공기처럼 곳곳에 있었다. 애정과 기억이 수북하게 쌓이는 것이 당연했다.

배경음처럼 은은히 깔려 있던 아이돌의 존재가 인생의 후면에서 앞으로 나오게 된 것은 아이유 때문이었다. '나이 시리즈'를 통해 2010년대 내내 실시간으로 자신의 성장 서사를 공유한 아이유 덕에, 그 서사에 매료된 탓에, 훨씬 더 직접적으로 케이팝 스타들과 연동되었다. 10대 후반의 플레이리스트에 유독 아이유의 지분이 가장 컸던 것은, 귀엽고 명랑한 이미지의 틈새로 드러나는 그녀의 우울한 모습에 친근감을 느껴서였다. 천성이 침울하고 걱정이 많은 데다 자아가 빼곡하고 자존감은 낮은 10대 소녀. 그에게 그런 모습만이 있던 것은 아니겠지만, 나를 투영하며 동일시하기엔 충분했다. 자기를 이루는 면면을 못 견뎌 하는 것 같으면서도 자신을 포기하지는 못하는 모습을 지켜보는 것이 좋았다. 20대엔 10대와는 다른 방식으로 헤매야 했는데, 혼란을 혼란스럽게 말해주는 노래 〈스물셋〉과 자신의 지금을 담담히 인정하는 〈Palette〉 덕에 외롭지 않았다. 날을 세워 팽팽하고 명료하게 구는 것을 나쁘지 않은 일로 받아들일 수 있던 것도 그의 노래 덕이었다. 누군가에겐 이상하게 들릴 테지만 지금도 나는 지나간 시간을 가늠할 때 아이유의 디스코그래피에 새겨진 연도를 눈금처럼 활용한다. 앨범을 낼 때마다 자신이 지금 몇 살이고 어떤 상태인지를 고백하던 가수를 오래 좋아하다 보니 흉내가 습관이 된 것 같다.

집요한 성격 탓에 유난스러운 면이 있다는 것은 인정하지만, 아이유를 의식하며 자란 것이 나만은 아니었을 것이다. 지금은 다들 인스타그램으로 넘어갔지만, 〈스물셋〉

이 발매된 직후 페이스북에 아이유의 노래에 관해 잔뜩 장문의 글을 남기던 또래의 여자애들을 기억한다. 공감하고 반가워하며 편을 들던 글들이었다. 어느 날엔 내밀한 일기 같고 어느 날엔 페미니즘 참고 서적처럼도 느껴지던 아이유의 노래를, 아이유라는 여성 아이돌에 얽힌 복잡다단한 서사를 우리는 분명 함께 읽었다. 케이팝이라는 공통분모를 가진 친구들과 내밀한 대화를 할 수 있게 되면서는 그런 식의 연동이 꽤나 보편적인 현상이라 믿게 됐다. 소녀시대, 샤이니, NCT와 레드벨벳, BTS와 세븐틴을 시야에 담은 채 살아온 친구들이 들려주는 역사가, 그 역사가 세공한 성격과 취향이 나만큼이나 유난스럽고 빼곡한 것을 알게 됐기 때문이다. 국경 너머의 풍경을 상상하듯 직접 확인할 수는 없지만 분명히 아름다웠을 지난 시절을 전해 들으며, 은은한 기쁨 속에서 우리를 '우리'라 부르는 일에 익숙해져 갔다.

손상된 날들

여기까지 말하면, 방향을 틀고 채도를 낮췄던 이후의 시간들이 조금은 설명될까. 2017년에 종현이, 2019년에 설리와 구하라가 더는 곁에 없게 되고, 그 상실이 스스로도 이해할 수 없을 만큼 나 자신을 바꿔놓았다는 것을 그래도 납득시키지는 못할 것 같다. 나조차도 완전히 받아들이지는 못했으니까. 2017년 겨울 종현이 죽은 직후에는, 혼란스러웠지만 일상이 망가지진 않았다. 돌이켜 보면 정확히 무슨 일이 일어났는지 파악하지 못했던 것도 같다. 마음이 무너져 내리기 시작했던 건 2019년부터였다. 그해 겨울, 설리와 구하라의 연달은 부고는 그냥 넘겨지지가 않았다. 생각했던 것보다 더 근본적으로 무언가 잘못되었다는 것을 실감했기 때문이다.

도무지 실감이 나지 않는 죽음을 매일매일 곱씹으며 마음에 길이 들었다. 동시대를 공유하며 자란 또래의 아티스트를 잃는다는 것이 어떤 의미인지, 다음 날부터 찾아들 일상이 어떤 형태인지 알게 된 뒤 맞아야 하는 부고의 무게는 다를 수밖에 없었다. 그 자체로도 무거웠지만, 모르고 지나쳤던 일들까지 소급해 곱씹으면서 슬픔과 괴로움의 무게가 더욱더 크게 다가왔다.

일상은 수년에 걸쳐 아주 천천히, 설명하기 힘든 손상감으로 물들어 갔다. 2017년과 2019년, 성장을 가늠하며 마음에 새겨뒀던 눈금은 상처를 재는 데 쓰였다. 눈금을 따라 나이 듦을 계산하고 '이전'과 '이후'로 시간을 갈랐다. 2015년에, 2017년의 봄에, 2019년의 여름에 찍힌 얼굴들. 다가올 일을 모르거나 모른 척한 채 화면 속에서 환히 웃고 있는 모습 위에 '이후'의 시간을 덧씌워 보는 일이 습관이 되었다. 청량하고 경쾌한 노래들은 '이전'의 일이 됐다. 노래를 듣다 보면 나지막한 우울이 어김없이 따라붙었고, 음원 안에 가둬진 목소리가 맑고 환할수록 더 큰 슬픔이 밀려들고는 했다.

〈다시 만난 세계〉를 들을 때마다 어쩔 수 없이 슬퍼졌던 것은, 이제 그 세계를 다시는 만날 수 없음을 알았기 때문이었다. 어떤 손상은 너무도 치명적이어서 그 손상이 없다는 이유만으로 다치기 이전을 무결한 것으로 여기게 한다. 티 없던 시절. 영원하리라 믿고 있다는 것을 모를 만큼 굳건히 믿어지던 시절. 세계가 조금만 더 바로 서 있었다면, 케이팝의 작동 방식이 조금만 덜 폭력적이었다면 죄책감까지는 느끼지 않아도 됐을까? 그러나 부질없는 가정이 다른 세계로의 문을 열어줄 리 없었다. 단지 유년 시절과의 이별이라 말하기엔 너무도 잔인한 방식으로 한 시절이 그렇게 끝났다. 그건 시대의 상처이기 이전에 세대의 상처였다.

나였던,
나일 수 없는

균열은 공감과 동일시의 불가능에서부터 시작됐다. 2020년대에 케이팝이 팽창하는 속도와 방식은 2010년대의 그것과 달랐고, 5년 차 안팎의 성장기 아이돌과 15년 연차의 중견 아이돌을 좋아하는 일 역시 완전히 다른 형태의 것이었다. 자아를 투영하며 스타와 자신을 동일시하는 소비는 철 지난 것이 됐고, 적용 불가한 것이 됐다. 좋아했던 아이돌들과 나 사이 형편의 간극을 실감하면서 노래 한 곡 몰입하는 일도 어려워졌다.

아이유가 〈Celebrity〉란 노래를 통해 당신이 별 같은 존재임을 잊지 말라며 지친 대중을 위로하던 즈음, 130억짜리 아파트를 매매했다는 소식이 들려왔다. 2024년에는 30대의 포부를 담아 여러분도 저와 함께 마음껏 꿈을 꾸고 욕심을 부리라며 〈Shopper〉라는 곡을 들고나왔다. 그 앨범을 준비하기 위해 방문한 LA에서 찍은 브이로그에는 통장 잔고 50억 이상인 이들만 이용 할 수 있다는 블랙카드를 쓰는 모습이 담겨 있었다.

샤이니의 키를 좋아해 예능 프로그램 <나 혼자 산다>를 챙겨볼 때도 마음은 편치 않다. 그가 혼자 밥을 해 먹거나 청소를 하고 업무에 지쳐 공허한 표정으로 배달 음식 먹는 모습은 인간적이고 친숙하며, 때로는 짠하게까지 느껴진다. 하지만 (두 마리의 반려견을 제외하고) '혼자' 산다는 집에 몇 갠지 셀 수조차 없이 많은 방이 있는 것을 보면 착잡하다. 방송이 끝난 뒤 기사를 통해 그곳이 한남동에 있으며 대략 50억쯤 하는 호화 빌라라는 사실을 접하면 더욱 그렇다.

대통령의 체포를 촉구하던 한강진역의 시위에서도 한남동에 사는 아이돌 여럿을 떠올렸다. '한남동 주민들이 소음으로 불만이 많다던데 우리 아이돌님들도 댁에 계시나' 추위 속에서 그런 삐뚤어진 생각을 했고, 그래도 좋아하는 사람들에게 좀 심한가 싶어 미안해졌다. 몇 시간 뒤 화장실을 찾아 들어간 고급 빌딩에서 말도 안 되게 견고한 방음에 놀라 그 미안한 마음을 몽땅 잊어 버리긴 했지만 말이다.

아무리 인기가 많다고 한들 아이돌 개인에게 일국의 대통령에 준하는 책임을 지우려는 것은 아니다. 탄핵을 시키겠다는 것도 아니고, 재산을 몰수하겠다는 것도 아니며, CIA에 신고할 생각도 당연히 없다. 다만 나는 여태껏 동일시하며 좋아했던 스타들을, 정말로 하늘의 별만큼이나 멀어진 그 사람들을 이제는 어떻게 바라봐야 하는지 도무지 감을 잡지 못할 뿐이다. 완전히 서 있는 곳이 달라져 버린 그들을 바라보다 내가 발 딛고 있는 현실로 고개를 돌릴 때마다 마주해야 하는 낙차감으로부터 나를 어떻게 지켜야 하는지 알 수 없을 뿐이다. 울며 걷던 퇴근길에서 날 위로해 준 그 목소리들을 전처럼 들을 수 있게 되는 날이 올까? 월 200도 못 벌면서 그들이 전하는 메시지에 가슴이 뛰고 내일이 기대되는 건 역시 좀 우습지 않나.

장학금을 노리던 친구들을 볼 때면 마음이 힘없이 가라앉았다. 홀로 살아가기 위해 경력을 쌓고 주식을 하며 탄탄히 미래를 준비하고 있다는 여성들을 볼 때도 걱정이 쌓였다. 생애주기를 따라 한 단계에서 다음 단계로 넘어갈 때, 이를테면 취업이나 결혼, 장기적으로 살 거주지를 구하는 순간 같은 때, 도움닫기를 돕는 발판과 낭떠러지에서 구조해 줄 안전망이 있는 아이들의 말간 얼굴을 웃는 낯으로 대하기가 쉽지 않았다.

아이돌을 향한 마음을 설명하기 위해 아주 많은 지면이 필요한 것처럼, 또래 여성들을 향한 마음 역시 언제나 복잡다단하다. 우리는 때로 우리 밖을 난폭하게 배척할 만큼 가깝고 애틋했지만, 가까운 만큼 서로를 미세하게 알았기에 자주 서로 다른 처지를 실감해야 했다. 그럴 때면 그 누구보다 멀어지기도 했다. 하늘의 별처럼 먼 스타들이 나를 막막함과 무기력으로 주저앉히는 쪽이었다면, 또래 여성들과의 관계는 서서히 안쪽에서 좀먹는 느낌이었다. 가장 가까운 사람 앞에서도 떳떳하지 못한 마음이 자책으로 이어지곤 했다.

그런 기분에 시달리면 무엇을 하기 어려운 상태가 됐다. 기후 위기를 걱정하면서도 스트레스를 배달 음식으로밖에 풀 줄 모르고, 돈도 없고 염치도 없어 누구에게도 털어놓지 못하는 푸념을 챗GPT에 울며 쏟아낸다. 일상은 수치스러운 아이러니로 가득 차 있다. 죽고 싶지만 떡볶이는 먹고 싶다던 1990년생 에세이스트도 나와 같은 마음이었을까. 그렇지만 어마어마한 베스트셀러 작가가 된 그와는 역시 처지가 다르겠지.

얼마 전 읽은 한 사회학 서적은 1990년대생 여성들의 자살 생각을 '증발하고 싶다'는 말로 표현했다.[1] 책 속의 여성들은 홀로 자기 삶을 책임져야 한다는 압박 속에서 미래에 대한 불안을 호소하고, 실패감과 미도달감에서 벗어나지 못해 게으른 자신을 자책했다. 책의 제목이 정확하다. 나도, 죽고 싶은 게 아니라 증발하고 싶다. 그만하고 싶을 만큼

---

[1] 이소진, 『증발하고 싶은 여자들』, 오월의봄, 2023.

지쳤지만 완전히 끝을 내는 데는 너무 많은 품이 들기 때문이다. 그 과정에서 다른 이들을 수고롭게 하고 싶지 않고 슬프게 하고 싶지도 않다. 그렇지 않아도 힘들고 괴로운 세계에 나까지 뭔가를 더 얹고 싶지는 않다. 부질없고 혼란스러운 비관과 고립 속에서 가망 없는 증발을 기원하며 꾸역꾸역 하루를 날 뿐이다.

평화보다
차라리 나은 것

그러니 2024년 12월에 광장으로 간 일에 대단한 이유는 없었다. 내가 광장을 간 것은, 대단히 뭔가를 할 수 있어서가 아니라 늘 그랬듯이 할 수 있는 것이 그것뿐이기 때문이었다. 기대보단 관성에, 관성보단 부채감에 떠밀려 갔다. 그래도 트위터와 현장을 오가며 모든 것이 빠르게 이뤄지는 속에서 내심 들뜬 마음이 있었던 것도 같다.

그도 그럴 것이, 새롭고도 인상적인 장면이 많았다. 모두가 주목했던 응원봉 투쟁을 나 역시 꼼꼼히 기억에 담았다. 촛불이 아니라 응원봉을 들고 모인 여성들을 따라 겨우 몇 주에 걸쳐 온갖 색으로 빠르게 물들어 간 광장이 신기했다. 콘서트장에서 한 번도 사볼 생각을 않던 응원봉의 효용을 그 어느 때보다 강렬히 체감했고, 늘 진절머리 나게 싫었던 한국의 속도가 드물게 반갑다고 생각되기도 했다.

수많은 응원봉 중에서도 유독 밝고 지분이 컸던 샤이니의 응원봉 '샤팅스타'를 볼 땐 좀 더 애틋했다. 집회의 자유발언 때 종현을 언급했다던 한 시민의 이야기나, 종현의 팬으로서 더 나은 사람이 되어 보이겠다고 다짐하던 팬들의 모습이 겹쳐 보였기 때문이다.

아이돌로서는 드물게 정치적 이슈에도 용기를 내 발언하던 종현을 생각하며, 연달아 설리와 구하라를 떠올렸다. SNS와 방송을 통해 용기를 내 페미니스트로서 말하던 설리를 걱정하면서도 좋아했다. 2024년 5월에 공개된 BBC 〈버닝썬〉 다큐멘터리를 통해서 사건 취재에 결정적 도움을 준 것이 구하라라는 사실을 뒤늦게 알게 되기도 했다. 폭력과 혐오로 자신도 위태로웠을 이들이 어떻게 그런 용기를 낼 수 있었을까. 의미 없는 가정을 정말 싫어하는 성격인데도, 이번 겨울을 함께 맞았다면 어떤 이야기들을 해줬을지 너무도 듣고 싶었다.

〈링딩동〉, 〈힘내〉, 〈파이팅 해야지〉, 〈내가 제일 잘나가〉 등 대로의 한복판에 펼쳐진 케이팝 메들리는 매서운 추위를 지그시 눌러줄 만큼 흥겨웠다. 사람들 속에서 발을 굴러 물리적으로 덜 추운 것도 있었다. 그렇게 빠르고 시끄러운 노래들이 아련하고 애틋한 오르골처럼 들렸다. 사람들 속에서, 때로는 숨죽여, 낮이고 밤이고 기억 속에서 되감아 듣곤 했던 오래된 선율을 이렇게도 만나는구나 싶었다. 내밀히 상처를 주고받은 이들끼리만 마주 보고 울던 날을 선명히 기억하기 때문에, 모두가 모인 곳에서 다 함께 케이팝을 부르는 일이 인정과 수용처럼 느껴지기도 했다.

선결제 문화도 빼놓을 수 없을 것이다. 적게는 수십 개에서 많게는 수백 개를 사 먹을 수 있는 금액을 누군가 선의로, 지지하는 마음으로, 가지 못하는 마음을 대신해서 국회 근처 매장에 포화가 되도록 결제해 두었다. 한 번은 나도 커피를 마셨다. 카페에 들어가 돈을 내지 않고 음료만 받아 가는 기분은 너무도 특별하고 낯선 것이어서 커피를 다 마실 때까지 설명할 다른 말을 찾지 못했다. 상점가를 가득 메운 선결제 금액 중에는 소녀시대 유리와 아이유의 것도 있었다. 그 일을 계기로 극우 커뮤니티 유저들이 난데없이 CIA에 아이유를 신고했다는 소식을 들었다. 그게 대체 무슨 효력이 있는 신고인지는 모르겠으나 말도 안 되는 소란과 수모에 휘말리는 사람에게 그간 내가 너무 가혹했나 싶었다. 유리를 통해 〈다시 만난 세계〉를 부른 가수 본인의 속내와 지지를 엿볼 수 있어 기뻤던 이유는, 광장에 음원으로만 자리할 수 있는 이들의 삶을 상상하기가 어렵기 때문이기도 했다.

응원봉과 조공 문화가 연상되는 커피 차와 선결제 등으로 마치 케이팝 문화를 이식한 것 같은 광장의 풍경이 익숙하면서도 생경했다. 시위 경험이 많은 것은 아니지만 적어도 내가 봐온 것 중에선 가장 풍족하고 총천연색이란 인상이었다. 광장을 데우고 밝히는 데 무수히 많은 다양한 사람들의 노고가 있었겠지만, 그 온기와 빛이 하필 이런 형태인 것에는 나와 같은 문화를 공유해 온 여성들의 역할이 컸을 것이다. 아주 비슷한 풍경을 친구들에게서, 동료들에게서, 그리고 여성 비율이 높은 콘서트장에서 줄곧 봐왔다. 여자라면 섬세하고 다정한 존재로 길러져야만 하는 분위기에는 진저리를 치면서도, 나 자신은 그런 존재가 아니라고 생각하면서도, 어쩔 수 없이 친근한 마음이 되어 속마음으로 여러 번 손을 흔들었다.

물론 그 친근감이 내가 변화한 투쟁 방식을 아름다운 일로만 받아들인다는 뜻은 아니었다. 20대 후반에 접어들면서 실감한 것은 내가 속한 세대가 사회와 시장의 주류가 될 때 부여받는 편의와 재미였다. 결제 시스템과 정보 전달 방식이 나의 직관과 습관에 최적화되어 있는 환경은 지금보다 어렸을 땐 겪지 못했고 더 나이가 들면 겪지 못하게 될, 경제활동을 하는 청년 세대의 특권이다. 숨 쉬듯이 트위터를 하는 사람들이 키오스크조차 어색한 사람들보다는 유리한 면이 있을 것이다. 광장의 언어와 방식이 특정 집단에 유난히 익숙하고 편했다는 것은 다른 누군가에겐 그러지 못했을 것이란 뜻이었다. 어떤 변화는 단지 시간이 흐르며 우연하고 자연스럽게 생겼을 뿐이고, 다른 어떤 변화는 부득이하고 공교롭게 생긴 것일 수 있었다. 그러니 환호와 함성 아래에서도 차분하고 냉정해질 필요가 있다고 생각했다.

풍선이 나부끼고 노을이 내려앉던 12월 14일의 거리에서, 내가 보고 있던 풍경은 이토록 뒤죽박죽이었다. 하늘로 날아오르는 풍선이 예쁘다고 생각하면서도 풍선을 저렇게 함부로 올려보내면 안 될 텐데 걱정하는 마음이 들었고, 광장을 이루는 모든 것들이 그런 식이었다. 무력감과 분노가 뒤엉킨 곳이지만 설렘과 흥겨움이 있었고, 즐거움이 있다고 해서 슬픔과 낭패감이 지워지지는 않았다. 모두가 한마음이 된 듯한 가결의 순간은 평생 기억하고 싶을 만큼 아늑했지만, 늘 그래왔듯 언제 깨질지 모르는 평화라고 생각하면 마음 한편이 초조하고 서늘했다.

하지만 '평화'라고 하니 문득 떠오르는 것이 있다. 그러고 보면 나는 2016년 박근혜 탄핵 촉구를 위한 시위에서도 평생을 기억하게 될 장면 하나를 보았다. 정황은 기억나지 않지만 어떤 이유에선지 집회 중간에 소등과 묵념을 했었다. 모두가 가져온 빛을 꺼 주변이 캄캄해졌는데, 묵념이 일찍 끝나는 바람에 눈을 뜨고 고개를 들었다. 올려다본 시야에는 완전히 불이 꺼진 마이크로소프트사 건물이 있었다. 광화문의 거대한 빌딩, 정치적 입장이 없는 것이 입장일 그 빌딩의 불이 마치 시민들을 따라 소등하듯 모든 불을 끈 것이다. 묵념 전에도 후에도 불이 켜져 있는 것을 봤으니 모두 퇴근한 것은 아닐 텐데, 정말 저 거대한 회사가 동참이라도 한 걸까. 이제 와 생각해 보면 망상이나 착각 같기도 하지만, 당시의 내게는 그 '완벽한 동조'가 평화의 은유처럼 느껴졌었다.

20대의 거의 전부이기도 한 지난 8년을 통해 나는 그런 형태의 평화가 얼마나 위태로운 것인지 깨달아 갔다.

당장 나만 해도 매일 상충하는 감정에 시달리고, 공통점을 찾아 가까워졌던 이들에게서 뒤늦게 발견한 간극을 어쩌지 못해 낑낑대는 형편이다. 완벽하게 균일한 것이 평화라면 그것은 사실상 존재하지 않는 게 분명했고, 혹 평화롭다고 느껴진다면 한쪽의 일방적인 오해거나 모두의 착각일 가능성이 높다는 것이, 30대를 앞두고 쌓아 올린 믿음이었다. 우리가 다음으로 가기 위해선 '우리'로만 있을 수 없다는 것을, 동일시에 매달려서만은 안 된다는 것을 깨달았다. 그래서 마이크로소프트사의 의중이 어땠는지 같은 것은 이제 궁금하지 않다. 내내 불평했듯 나는 여전히 입장과 형편의 차이를 감당하지 못한다. 반면 같은 처지, 같은 입장의 사람 앞에서는 호락호락 마음의 벽이 허물어지고 만다. 분명 어떤 차이는 투쟁을 통해 좁혀지고 극복될 필요가 있을 것이다. 그러나 다른 어떤 차이는, 그러니까 내 어떤 돌출부들은 잡음과 굉음을 내더라도 어쩔 수 없다는 듯이 조금은 뻔뻔하게 그 자리에 있었으면 좋겠다.

변화의 흐름이 정교하고 올바른 의지만으로 빚어진 것이 아닐지라도, 그 안에서도 연대와 성취의 순간은 목격되었다. 서로를 이해 못 하고 각자 슬픔의 사각지대가 있다고 한들 광장에서 모여든 시간이 품은 힘이 반드시 허상이란 법은 없었다. 여전히 풍선이 걱정되고 돌아가면 트위터에서는 또 무슨 일로 싸울까 오싹했지만, 평화보다 불화 속이기에 할 이야기가 더 많기도 했다.

국회 앞에서 목격했던 찰나가 잔상을 남겼는지 탄

핵 가결 후 돌아오는 지하철에서는 이윽고 밀려날 미래가 어렴풋이 그려졌다. 촛불이 응원봉으로 교체된 것처럼, 응원봉을 들고 싸우던 이 투쟁의 방식도 언젠가는 낡은 것으로 치부되는 날이 올 것이었다. 그리고 그 변화는 틀림없이 순식간에, 아주 낯선 방식으로 찾아올 것이다. 충분히 위협적일 수 있는 상상인데 어쩐지 싫지 않았다. 오히려 즐거운 쪽에 가까웠다. 내내 감당할 수 없는 수명이 하염없이 주어진 젊은 시절이 싫다가도, 뒤처지는 것이 두려워 나이 먹을 자신은 없는 모순된 불안이 일상이었다. 타의로 밀려오는 미래가 아니라 자의로 내다보는 미래를 마주한 게 얼마 만인지. 기억조차 나지 않을 만큼 오랜만이었다. 〈다시 만난 세계〉를 들으면서 뒤가 아니라 앞을 본다는 기분을 느낀 것도 처음이었다.

　　이런 식의 제멋대로인 광장에서라면 주도권이 나에게 있지 않더라도 있을 만할 것 같다. 중앙이 아닐지라도 광장에서 따로 또 같이 서며 느슨하게 '우리'로 있는다면 조금은 타격감이 덜하지 않을까. 어떤 세계는 다시 만날 수 없고, 다른 어떤 세계는 새롭기만 할 뿐 이곳저곳이 산산조각 나 있겠지만, 나눠 갖기엔 그편이 나을지도 모른다고 어울리지 않는 낙관을 해봤다.

**변치 않을
사랑으로
지켜줘**

  노래로 시작한 이야기를 노래로 끝내려 한다. 탄핵 가결의 날, 투표가 진행되기 전에 가수 이랑의 무대가 있었다. 그날 이랑이 부른 노래 〈늑대가 나타났다〉가 담긴 앨범에는 〈환란의 세대〉와 〈의식적으로 잠을 자야겠다〉라는 곡이 함께 수록되어 있다. 두 노래 모두 내게는 〈다시 만난 세계〉만큼 각별한 노래다.

  〈환란의 세대〉는 우리가 떠올릴 수 있는 온갖 죽음의 방법들을 열거하며, 친구들에게 다 같이 한 번에 죽자고 말한다. 과격한 표현으로 종종 오해를 받기도 하고 음산한 분위기가 당황스럽게 들릴지 모르지만, 이 곡은 분명 생의 버거움도 이별의 슬픔도 함께 벗어던지자고 고백하는 '사랑 노래'다. 〈의식적으로 잠을 자야겠다〉에 그 해설인 듯한 가사가 쓰여 있다.

> 나는 사랑 노래를 만들 수 있을까
> 내가 하는 말은 다 죽어버리자 죽어버리자
> 멸망해 버리자 하는 그런 것들 뿐인데
> 이게 사랑 노래라는 걸 내 친구들은 알겠지
>
> 우리는 죽고 싶은 걸까 아니면 살고 싶은 걸까

이랑의 노래에 새겨진 가사 한 구절 한 구절은 누군가가 홀로 겪어온 참담함과 혼란을 너무도 잘 설명해 준다. 이 가사 안에서라면, "그렇게 죽고 싶어 하면서 대체 왜 광장에 나와 있냐."는 난감한 물음에도 모순된 마음을 왜곡하지 않고 있는 그대로 전할 수 있을 것 같다. 그러니까 우리는 사실, 죽고 싶은 게 아니라, 다른 방식으로 살고 싶었을 것이다. 폭력 속에서도 용기를 내려는 것처럼, 혼란 속에서도 더 나은 길을 찾으려는 것처럼, 이전과는 다른 삶을 원했을 것이다. 이렇게 참담한 삶이어야 한다면 차라리 죽는 것이 낫다고 생각할 만큼, 강렬하게 온 마음을 다해서. 그 마음의 그을음을 쫓아 광장까지 갔는지도 모르겠다.

믿어줄지 모르겠지만 사실 증발하고 싶다는 말에도 미약하게나마 사랑이 담겨 있다. 흔적도 없이 사라지고 싶다는 마음에는 상처를 남기고 싶지 않다는 마음이 포함되어 있기 때문이다. 적어도 내가 아는 가장 큰 슬픔만큼은 남겨진 사람들이 겪지 않게 하겠다는 마음. 그건 내게 있어 무력과 비관 속에서 가능한 최선의 의리이자 사랑의 표현이고, 여태는 그 마음이 매일을 연장해 주었다.

소녀시대의 〈다시 만난 세계〉 역시 새로운 세계를 열고 생각만 해도 강해지는 힘의 기원으로 사랑을 말한다. "변치 않을 사랑으로 지켜줘." "사랑해 널 이 느낌 이대로." 가사에 비친 사랑은 몹시도 강하고 단단해 보인다. 케이팝을 통과하며 한 시대를 지나온 나로서는 그 모든 것이 하필 '사랑'으로 가능하다는 것이 기쁘다. 동시에 사랑을 말할 만큼 열렬히 케이팝과 동 세대를 겪어봤기에, 그 '사랑'이라는 것이 얼마나 상처 많고 폭력이 뒤섞여 있으며 유약할 수 있는지 안다. 그러나 그 모든 것을 알고도 나는 여전히 이 가사를 좋아할 수밖에 없다. 긴 시간 길을 헤매며 그나마 단련해 온 것이, 이런 엉망진창인 모순 속에서도 매일을 견디고 맞이해 내는 힘이라서다.

여전히 장담할 수 없는 것들이 많다. 하지만 아직 내게는 함께 듣고 싶은 노래가 남아 있고 나누고 싶은 이야기도 있다. 그 노래와 그 이야기가 다할 때까지는 이 세계에, 그리고 당신 곁에 남아 있겠다고 말하고 싶다. 너무도 오랫동안 간절히 나누고 싶던 이야기가, 이제 막 시작되었기 때문이다.

미친 여자들의
과거와 현재,
그리고 미래

이지윤

인생 실험자. 아무도 해보지 않은 것, 하다가 실패한 것, 남들이 관심 없는 것, 답이 없는 것을 좋아한다. 그래서 탈선을 거듭하고 스스로 쌓은 공든 탑을 무너뜨리며 살아왔다. 요즘엔 이 모든 것의 교집합에 있는 '여자한테 금기시된 것으로 성공하기'가 가장 큰 화두다. 아직 성공이 무엇인지, 그게 나에게 행복을 가져다주는지 여전히 고민이지만 금기를 깨는 것은 여력이 닿는 한, 인생 끝까지 해볼 생각이다.

미쳐 있는 2030 여성들의 힘은 파괴하는 힘이 아니라 미래를 움직이는 힘일 테다.

…

2030 여성들은 이 나라의 진짜 미래다.

2024년의 이야기를 하기 위해 나는 먼저 2009년으로 돌아가야 할 것 같다. 20대 초반, 미국에서 살았을 때 나는 9.11 테러가 일어난 현장에 가보지 않았다. 그날이 다가올 때면 곳곳에서 열리는 추모 행사나 이벤트를 통해 함께 슬픔을 나누거나 공감한 적은 있지만 구태여 그 현장에 갈 생각은 해보지 못했다. '기회가 있으면 갈 수도 있겠지…….'라는 생각 정도였을까. 테러가 일어난 2001년, 나는 아직 초등학생이었고 내가 미국에 있었던 건 20대 초반이었으니 사건의 발생 시점과 그에 대한 나만의 인식이 세워진 시기의 간극도 영향을 미쳤을 것이다.

2014년 4월, 처음으로 세월호 속보를 보았을 때의 기억이 아직도 생생하다. 그때 나는 대학을 졸업하고 방전된 상태로 쉬다가 이태원에 있는 제일기획에서 짧은 인턴 생활을 하고 있었다. 거의 처음 말을 섞어보는 옆 부서의 선배가 동행한 점심 식사 자리였다. 짜장면을 먹고 있는데 높이 달려 있던 TV에서 세월호 속보가 흘러나왔다. 한 배가 침몰했는데 사망자는 거의 없고 곧 대다수가 구조될 것임을 보도하는 내용이었다. 최초의 속보와 달리 처참하게 얼룩진 세월호 참사를 보며 9.11 테러 때와는 달리, 나는 그곳에 가보고 싶었다. 한국에서 고등학교 시절을 보낸 우리 모두가 오감으로 간직하는 수학여행의 추억, 그 추억을 만들어 보겠다고 설레는 마음으로 배에 오른 학생들이 실시간으로 목숨을 잃어가는 현장을 몇 날 며칠이고 실시간으로 목도했으니까. 내 인생에 너무나도 큰 파장이었다. 이번만큼은 '현장'에 가봐야 하지 않을까? 하는 생각이 불쑥불쑥 올라왔다. 현장에서 직접적인 마음과 실제적인 도움을 보태고 싶었다. 하지만 당시의 나는 그 마음을 실천할 만한 적극성이 없었고 그 마음 또한 일련의 개인적 부채감을 덜기 위함의 일부라고 느꼈기에 모든 걸 생각에서 멈추고 말았다.

우연히
맞닥뜨린
테러의 공간

가야만 한다고 느꼈을 때 과감히 실천하지 못했던 나에게 참사의 현장은 무방비로 찾아왔다. 2015년, 국제기구 인턴십을 위해 태국 방콕에서 살게 된 나는 우연한 기회에 BTS(지상 지하철)로 30분 이내의 거리에 있는 '칫롬'이라는 지역에 쇼핑을 하러 갔다. 가고자 했던 쇼핑몰을 찾아 끝없이 이어지는 공사판 길거리를 걸었다. 굉음을 내는 버스가 검은 매연을 뿜어대 숨을 참으며 걷고 있을 때, 바로 그곳에서 에라완 사원[1]을 만났다. 9.11 테러 때처럼 아무 생각이 없지도, 세월호 때처럼 많은 생각이 들지도 않았다. 에라완 사원은 내 기억의 한 자리를 차지하려, 아무런 준비도 되지 않은 나를 그렇게 찾아왔다.

나는 테러나 재난, 혹은 참사로 여겨지는 사건에 대한 의식만 있었을 뿐, 그러한 일이 일어난 현장을 직접 가본 적은 단 한 번도 없었다. 더구나 이렇게 무방비한 상태에서 그것을 마주하게 될 줄은 몰랐다. 기분이 이상했고 참으로 마음이 미어진다는 말은 이럴 때 하는 것이구나 싶었다. 내가 밟고 있는 그 공간과 내가 보내고 있던 그 시간은, 나에게는 가장 보통의 것이었고 아무 일이 없어야 온전히 완성되는 일상이었기 때문이다. 그건 테러 당시 그 거리를 걸었던 수많은 사람들에게도 마찬가지였을 테다. 공기 속에서 진동하는 향초의 냄새가 코로 스며들었고, 그 앞에서 두 손을 모아 기도하는 사람들을 쳐다보다 문득 뒤를 돌아보았다. 여느 때처럼 하늘이 아득했고 공기는 매캐했으며 차들은 매연을 뿜으며 천천히 혹은 쌩쌩 달렸다. 바람이 부는 그곳의 거리를 걸으며 '그냥 이렇게 지나가다가 이 앞에서 폭탄이 터진 기구나…….'라는 생각에 눈물이 차올랐다.

며칠 뒤, 나는 방콕에서 같이 일하던 언니 M과 다시 그 길을 지났다. 에라완 사원 근처에서 사람이 많아지자

---

[1] 2015년 8월 17일 태국 방콕에서 폭탄 테러가 일어난 곳. 이 테러로 22명이 사망하고 120여 명의 부상자가 발생했다.

M 언니가 물었다. "여기가 어딘데 이러지?" 두리번거리는 언니에게 "언니, 여기 에라완이에요" 하니 "에라완? 에라완이 뭐야?"라고 나에게 되물었다. 언니가 에라완 사원을 모를 리 없었으므로, "여기 그때 그 테러 일어난 에라완 사원이요" 했더니 "아, 여기가 그 에라완 사원이야?" 하며 놀라던 모습이 떠오른다. 아마 '에라완 사원'이라는 고유명사로 이곳의 이름을 처음 접했을 그녀가, 내가 여기가 '에라완'이에요, 라고 한 것과 '그 에라완' 사원이에요, 한 것을 받아들일 때 의식의 차이가 있었을 것이다. 그녀도 아마 이렇게 평범한 거리의 한가운데서 그곳을 마주치리라고는 전혀 생각지 못했으리라.

테러, 재난, 참사가 무서운 이유의 핵심은 그것이 갑자기 찾아와 우리의 일상성을 철저히 파괴한다는 점에 있다. 일상은 언제고 지루하고 반복적이고 이벤트가 없어야 가장 온전한 모습을 한다. 너무 다이나믹해서 어제와 다르고 오늘과 내일이 크게 다르다면, 그건 일상이 아닌 것이다. 어제와 같이 별일 없는 똑같은 하루여야만 일상은 비로소 일상이 된다. 우리는 자유의지로 이 일상성을 무너뜨려 또 다른 행복과 즐거움을 추구하기도 하지만, 타인에 의해 예고 없이 무너지는 일상성은 우리에게 두려움을 준다. 테러가, 재난이, 그리고 참사가 그렇다. 어떤 특별한 날에 어떤 특별한 사람에게만 일어날 수 있는 일이 아니라 정말 평범한 날에 나같이 평범한 사람에게도 일어날지 모른다는 공포가 우리를 지배해 버리는 것이다. 나는 그런 사고들이 정말 무서웠다. 아직 하고 싶은 것이 많고, 이루고 싶은 것도, 사랑하고 싶은 것도 많은데. 누군가가 아무렇지도 않아야 할 나의 일상에 들어와 테러를 일으킨다면, 나는 그 무서움과 두려움을 극복할 자신이 없었다. 20대 중반의 나는 그랬다.

내 일상을 뒤흔든 '계엄'이란 테러 앞에서

2024년 12월 3일, 30대 중반이 된 나는 그날 처음 간 바에서 위스키를 마시며 담배를 태우고 있었다. 나는 주기적으로 담배를 태우는 사람은 아니었으나 모처럼 실내에서 흡연이 허용되는 곳인 데다 마음 맞는 사람들과의 대화 덕분에 흥이 올라서 위스키를 마시다 말고 편의점에서 연초까지 사 오게 된 거였다. 다음 날이면 어김없이 몸을 일으켜 출근해야만 하는 여느 직장인의 평범하고 일상적인 화요일이었다. 무심코 연 휴대폰에서 '비상계엄 선포'라는 단어를 보기 전까지 말이다.

나는 비상계엄을 '공부'하며 자란 세대다. 그것을 교과서의 활자와 흑백의 이미지, 영상을 통해서만 보았다. 선생님에게, 부모님에게, 광주의 희생자들에게, 당시 민주화운동에 참여했던 시민들에게, 그리고 TV에서 민주화운동 기념사를 외치는 전 대통령에게, 나는 그것이 내가 살아가는 이 땅의 많은 사람들의 목숨을 앗아갔으며, 현재에도 미래에도 다시는 있어서는 안 될 그 무언가로 배웠다. 나에게 비상계엄은 우리 모두의 일상을 파괴하는 테러, 재난, 참사 그 자체였다. 그런 비상계엄이 2024년에 선포되었다는 사실은 그 무엇보다 비현실적이었다.

다른 테이블의 말소리가 또렷이 들리진 않았지만 모두 같은 것에 대해 이야기하고 있음이 분명했다. 조금 상기된 얼굴들, 더 높아진 목소리, 그리고 몇 분 전보다 더 많이 울려대는 휴대폰까지……. 모든 것이 하나의 기류 속에 뒤섞이고 있었다. 다른 테이블 또한 우리와 같은 마음임을 확인하고 싶은 생각이 들어 더 큰소리로 미친 짓을 벌인 대통령이란 자를 욕하기도 했다. 평소에는 자주 내뱉지 않았던 욕설이 난무하기도 했고, 어떤 순간에는 단톡방에 빨려 들어가 이 역사적인 순간에 대한 나의 상황과 감정을 밝히기도 했다. 서로의 반응을 통해 같은 마음으로 이 순간을 살아낸다는 것을 확인할 땐 일종의 안도감마저 들었다. 차차 몸에 뒤섞인 술과 담배의 기운이 먼지가 내려앉듯 가라앉고 정신은 또렷해졌다. 진공의 상태로 들어간 듯 주변 모든 것이 음 소거되는 영화 같은 순간이었다. 활자로만 느꼈던 책 속 구절들이 살아 돌아와 빠르게 내 몸에 박히는 것 같았다. 그러곤 단 하나의 생각밖에 떠오르지 않았다. 가야겠네, 여의도. 지금 당장.

택시가 잡히지 않을까 초조한 마음에 카카오택시

블랙을 불렀다. 난생처음 불러보는 블랙이었다. 그때 내 마음속에 난 모든 길은 여의도가 종착지였고 여의도가 아닌 다른 것은 떠오르지 않았다. 그 어떤 것도 신경 쓰지 않았지만 그날 밤 내 기억은 그 어느 때보다 선명했고, 모든 감각이 살아 있었다. 여의도로 향하는 길 내 양옆의 선배들은 지인과 통화하고 메시지를 주고받았다. 누군가는 여의도에 가지 말라고 했고, 누군가는 걱정스러운 목소리로 지지의 마음을 보냈다. 나는 함께 여의도로 향한 선배들에게 "우리 탱크 만났을 때 잡혀가지 않으면 여의도에서 한잔해요." 하고 담담히 말했다.

국회 앞은 버스와 수많은 언론사의 차들로 가로막혀 있었다. 조금 멀찍이 내려 가까이 걸어갔을 땐 사방이 우왕좌왕했다. 차도는 사람, 경찰차, 버스, 오토바이로 인산인해를 이루고 있었다. 국회와 가까워질수록 남녀노소의 각기 다른 목소리가 뒤섞인 함성 소리가 들렸다. "윤석열을 탄핵하라! 비상계엄 철폐하라! 계엄령을 해제하라!" 기자로 추정되는 백인 남성은 한국인 한가운데 서서 노트북으로 무엇인가를 빠르게 적고 있었고, 우리는 더 나아가기 힘든 앞쪽까지 걸어가 함께 구호를 외쳤다. 수요일이 된 새벽 12시 46분까지도 하늘에는 헬리콥터가 돌아다녔다. 공기를 쳐내는 헬리콥터 특유의 두두두두- 날개 소리에 사람들은 고개를 들어 하늘을 쳐다보고 카메라를 들었다. 새벽 1시쯤 어디선가 박수와 함께 "와아-" 하는 함성이 들리기 시작했을 때 약 두 시간 만에 비상계엄이 해제되었다는 소식이 들려왔다.

계엄 당일, 국회 앞

사람들이 묻는다. 그날 어떻게 여의도에 갈 생각을 했어? 대부분 내가 무서웠거나 두려웠지만 '그럼에도 불구하고' 여의도에 갔을 거라 생각한다. 솔직히 말하자면 그때 난 무서운 게 없었다. 정말 화가 나서 여의도에 갔다. 지금도 군인을, 탱크를, 총을 마주하지 못해서 직접 그것들을 막을 수 없었다는 게 한스러울 뿐이다. 이런 마음이 든 것에는 윤석열에 대한 나의 평가도 일부 영향을 미쳤을 것이다. 나는 한 번도 그를 나의 대통령이라고 인정한 적이 없었다. 나에겐 그가 늘 가장 보잘것없는 존재로 느껴졌기에, 안 그래도 벼르고 있던 참인데 속된 말로 제대로 '조질 기회'라고 밖에 여겨지지 않았다. 총과 칼을 들이밀어 나를 죽여라. 그걸 원한다면 그렇게 해라. 그렇지만 그 뒤에 일어날 일의 책임은 당신이 톡톡히 치러야 할 것이다, 라고 생각했다. 진짜 누군가가 나를 죽여도 좋다는 마음이었다.

이런 마음이 들었을 때, 나는 지금의 내가 10년 전 과거의 나와 달라져 있음을 깨달았다. 비상계엄 선포는 나에게 테러, 재난, 참사 그 자체였다. 그것은 별일 없어야 마무리되는 나의 일상에 무방비로 침투했으니까. 시민들이 빠르게 조직적 행동을 하지 않았거나 국회의원들이 빨리 대처하지 않아서 지금과 다르게 사건이 진행됐다면 폭력의 유혈 사태가 발생했을 수도 있었으리라. 비극적인 '만약'의 가짓수는 너무나도 많다. 하지만 2024년의 나는 이 모든 게 두렵지 않았다.

막아야 한다는 생각 말고는 아무 생각도…… 들지

않았다. 생각이 여기까지 다다르자 근본적인 질문을 던지게 된다. 10년 전 나와 지금의 나는 무엇이 다른가. 지금의 나에게 그때의 두려움이 거세된 이유는 무엇인가. 나이가 들어 뻔뻔해졌나? 기질이 바뀌었나? 가치관이 변했나? 아무것도 아니었다. 나는 생각 끝에 내가 '미친년'이 되었다는 자연스러운 결론에 다다랐다. 난 미쳐 있었다.

      처음에 나는 나의 이런 '미친' 행동력이 지난 10년간 성장한 '나'라는 사람의 고유한 특수성에 가장 크게 기인했다고 생각했다. 그것을 나만의 특별함이라고 느끼기도 했다. 하지만 생각이 꼬리에 꼬리를 물었을 때 내가 가진 특수성 중 그 어떤 것도 온전히 나에서부터 출발했다고 단언할 수 없었다. 내가 '이지윤'이라서 미쳤는가. 아니다. 단순히 '나'여서가 아니라 '어떠한' 나라서 변한 것이다. 내 앞에 붙은 수식어가 그 뒤에 오는 후발 주자인 나를 변화시킨다. 우선 나는 한국인이라서 미쳤다. 주변 국가로부터 끊임없이 침략당했던 과거, 일본의 식민지였던 씻을 수 없는 역사, 한국을 세계 유일의 분단국가로 만든 전쟁, 그리고 민주화운동의 역사까지, 이런 역사의 소용돌이 속에 태어난 나라서 미칠 수밖에 없었다. 어디 이뿐인가. 우리 부모님이 좌파인 것에도 영향이 없지 않았다. 노무현 전 대통령이 돌아가셨다는 말에 자다가도 벌떡 일어나고, 노선을 바꾸는 변절자가 생기면 그 사람의 책을 처분하고, 박근혜 탄핵 시위에서 가장 밝은 모습이었던 아버지 밑에서 자란 내가 비상계엄 선포를 보고 어떻게 미치지 않을 수 있겠는가.

영향력의 범위가 상관없다면 여의도에 서 있을 수밖에 없었던 나의 모습에 기인한 요소는 무한대로 많다. 객체로서 나는 지금까지 겪어온 수많은 기억, 경험, 관계, 정보의 종합체이기 때문이다. 하지만 나는 여기서 단 한 가지 요소에 집중해 이야기하고자 한다. 바로 내가 '여자'라서 미칠 수밖에 없었다는 점, 그것이 어떻게 지금의 나를 만들고 나아가 미치게 해서 현장으로, 광장으로 움직이게 했는지. 그리고 2030 여성이라는 집단과 더 큰 범주에서 이것이 어떤 의미가 있는지 공유하고 싶다.

나를 미치게 하는 '여자들'

내가 이번 경험에서 '여자'인 나에 집중하게 된 이유는 두 가지다. 첫째, 내가 나로서 가진 수많은 정체성 중 '여자 됨'은 가장 압도적으로 나를 미치게 만든 요인이기 때문이다. 둘째, 내가 같은 2030 여성들과 '여자'로서의 정체성에 방점을 두고 참여한 집단적 경험이 사회적 주류로 인정받고 주목받은 적은 살면서 오직 지금만이 유일하기 때문이다. 한 번도 이렇게 크게 집단으로, 주류로, 적나라하게, 동료 여성들과 동일한 목표로 달려간 적이 없었다.

나와 같은 것에 웃고, 같은 것에 울고, 같은 것을 부끄러워하고, 같은 것에 분노하는 같은 성별의 인간들. 그런 사람들은 이상하게도 늘 전체를 드러내지 않았고 조각난 퍼즐로만 등장했다. 목소리가 나오면 이름이 나오지 않고 이름이 나오면 얼굴이 나오지 않는 식이었다. 얼굴과 목소리가 나오면 가짜 이름이 붙었다. 여성과 여성이 조각나지 않고 온전히 사람 대 사람으로 만나는 것은 거의 불가능한 일이었다. 그래서 온라인에선 서로 다들 어디 있냐고 묻곤 했다. 디지털 세계에선 스스럼없이 다가오던 사람들인데 현실로 돌아오면 숨바꼭질하듯 찾기 어려웠다. 누군가가 나를 찾아줬으면 하는 마음으로 카카오톡 사진도 페미니스트로 해놓고, 조금은 당황스럽게 느껴질 만큼 페미니스트인 티를 내고 다닌 적도 있었다. 하지만 오히려 혼자가 된 느낌을 부작용으로 얻었고 모든 것이 각개전투로만 느껴지는 경우가 부지기수였다.

내가 여자들의 조직적인 집단행동에 참여한 적이 아예 없는 것은 아니었다. 알게 모르게 아주 어렸을 때부터 동성 간의 집단행동에 참여했으니까. 때로는 우두머리로 때로는 조직원으로 자연스레 나의 무리를 만들었다. 하지만 그 무리가 나에게 편안함을 담보하진 않았다. 여성혐오가 뿌리 깊은 세상에서 내가 배운 것은 여성을 경쟁 상대로 그리고 적으로 상정하는 것이었기 때문이다. 그래서 나는 여성들과의 연대를 배우기 전에 '여적여(여자의 적은 여자)'를 먼저 배웠다. 같은 무리의 사람이라 할지라도 또래의 앞서 나가는 여자에게 질투를 느끼라고, 그녀를 보며 정체하는 나 자신에 대해 불안감을 느끼라고, 나아가 그녀를 싫어하라는 사회의 메시지를 온몸으로 체득했다.

특히 공학이었던 중학교에서 인기가 꽤 있었던 나는 같은 여자에게 타깃이 될 때도 많았다. 남자들이 좋아하는 여자는 쉽사리 질투나 이상한 소문의 대상이 됐다. 그냥 가만히 있으면 나를 있는 그대로 좋아해 주는 단순한 남자들과 지내는 게 더 편했다(물론 15살이었던 어린 나의 생각을 반영한 표현이다). 나도 여자면서 여자들의 미묘한 감정선이 피곤하게 느껴지기도 했다(이건 지금도 그럴 때가 있다). 늘 모든 것을 한 번 더 생각해야 하는 관계가 불편했다. 나는 곧 남자들에게도 내 자신을 보여주기 어려워졌다. 그들이 정해놓고 만들어 놓은 환상 속 존재에서 탈선하는 게 너무나도 싫었다. 결국 남자들에겐 만들어진 모습을 보여주느라 괴로웠고, 여자들에겐 진짜 내 모습으로 다가가지 못해 외로웠다.

여자들의 연대를 알게 된 것은 사춘기 소녀로부터 남자를 강제적으로 제거한 여고에서였다. '좋은 남자에게 선택당하는' 종착지가 없는 곳에서 우리는 단지 여자라는 이유로 경쟁할 이유가 없었다. 서로의 치마를 들치며 깔깔거리기도, 엉덩이에 똥침을 놓으며 서로를 욕하기도, 쪽지와 교환 일기를 주고받으며 훌쩍이기도 했다. 체육 시간엔 서로를 앞서거니 뒤서거니 맹렬히 달렸고, 바람에 앞머리로 가린 넓은 이마가 훵하게 드러날까 걱정하지 않아도 되었다. 하지만 일시적으로 남자가 사라진 세상은 3년의 유효

기간이 지나면 다시 비주류로 돌아가야 하는 판타지적 주류 사회이자 일시적 유토피아에 불과했다. 그러니 이때의 집단 경험은 주류적 경험이라고 할 수 없었다.

이런 경험이 쌓이면서 나는 끊임없이 여자를 미워하고 한편으론 동경하게 됐다. 여자들과의 관계를 두려워하면서도 그들과의 연대를 너무나도 갈망하는 모순된 마음이 내면에서 끊임없이 충돌했다. 여자들을 미워하는 이 마음이 결국 나에게로 향하는 내재화된 여성혐오임을 알았을 때 이 마음을 어떻게 해석하고 간직해야 하는지, 이 에너지를 어떻게 표출하고 다루어야 하는지 아무도 가르쳐 주지 않았다. 고립되어 답을 찾아야만 했다.

20대부터는 답을 찾는 여정의 일환으로 스스로 페미니스트라는 정체성을 부여하고 집단적 여성 연대에 대한 참여를 본격적으로 늘리기 시작했다. 온오프라인에서 늘 연대를 갈망했다. 강남역 살인사건 추모 행동이나 낙태죄 시위 등과 같은 오프라인 행동에 참여했고 온라인에서는 페미니즘 페이스북 페이지를 만들어 약 1만 명에 가까운 팔로워를 얻기도 했다. 하지만 그런 활동은 언제나 변방에서 일어났고, 한 번도 주류인 적이 없었다. 사회는 우리의 일부가 되고 싶어 하지 않았고 계속 우리를 타자화했다. 우리가 한 행동들은 늘 '모든 사람이 그런 것은 아니지만' 일부의 여성이 그렇다는 논조로 취급됐다.

나와 여자들은 계속 싸웠지만 이겨본 적이 거의 없다. 2016년 강남역 살인사건을 기점으로 봤을 때 어언 10년간 그랬다. '그냥 계속하면 되잖아. 불만이 있으면 계속 말하면 되잖아.'라고 할 수도 있겠다. 하지만 승리의 기억이 부재할 때 장기간 싸울 수 있는 사람이 얼마나 되겠는가. 사람은 본인이 합리적으로 요구하는 바가 지속적으로 장기간 받아들여지지 않을 때 높은 확률로 병리적 상태에 빠진다. 나의 고통이 발견되거나 이해되거나 존중받지 못할 때 인간은 누구나 무력감에 빠지고 그럴 때 무기력을 학습하게 마련이다. 그리고 더 이상 참을 수 없는 상황에 놓이면 억눌렸던 분노와 여러 감정들이 극단적인 무언가로 표출하고 마는 것이다. 그렇게 윤석열의 비상계엄은 마침내 더 이상 참을 수 없어 미쳐버리고 만 여성들을 거리로 모이게 만들었다.

비로소
광장에서 만난 여성들과
함께, 오래

비상계엄 선포 이후 여의도에서 첫 대규모 시위가 열렸을 때 마음이 울렁이면서 자꾸 눈물이 차올랐다. 그 어느 곳으로 고개를 돌려도 내 시야에 차고 넘치는 무지갯빛 응원봉을 보며 생각했다. 이 여자들, 정말 단단히 미쳤구나. 꺼지라고 하니까 그 어떤 비바람에도 꺼지지 않는 새로운 촛불을 들고나왔구나.

어디 이뿐이던가. 농민과 경찰이 대치 중이라는 뉴스를 보고 롱패딩에 휴대폰만 들고 남태령에 간 저녁, 이미 모여 있는 동료 여성들을 보고 생각했다. 이 미친 사람들, 이 추운 날 어떻게 이렇게 빨리 와서 모여 있었을까. 그날은 2024년 중 가장 춥고 밤이 긴 날이었다. 그런 날 그들은 맨 시멘트 바닥에 앉아 속속들이 도착하는 핫팩을 제 손으로 나눠 주고, 누가 요청하지 않아도 서로 나서서 음식을 나눠 주고, 음악이 울리면 앞에 나가 춤을 추며 추위와 분노를 승화시켰다. 그리고 목이 터져라 외쳤다. "차 빼라!", "차 빼라!", "차 빼라!" 마침내 그들은 농민과 함께 그 차들을 물러나게 했다. 무수한 서로를 보며 남태령에서 한강진까지 걸었다. 그녀들은 도대체 왜 이곳에 와서 농민들을 위해 밤새 이러고 있었을까. 알기 때문이다. 억압당하는 마음이 무엇인지. 그 심정이, 그 울분이, 그 분노가 무엇인지 공감하기 때문이다. 그걸 해결하지 않으면 그 마음을 도대체 어찌할 수 없어서, 가슴을 치고 쳐도 미치고 답답해 죽겠는 그 심정을 누구보다 잘 이해하기 때문이다.

피의자 윤석열이 체포 영장을 받고도 관저에 숨어서 나오지 않았던 금요일 밤에는 집으로 가던 택시를 돌려 한강진으로 향하기도 했다. 심신은 지쳤지만 가지 않으면 그 죄책감을 이기지 못할 것 같아서였다. 새벽 4시까지 자리를 지키다 한숨 자고 다시 한강진으로 왔는데 똑같은 사람이 그대로 있기도 했다. 이건 미친 사람이 아니고서야 할 수 없는 일이라고, 진정으로 미쳐야만 할 수 있는 행동이라고

생각했다. 하지만 나는 단순히 여자들이 분노했고 더 이상 참을 수 없다는 이유만으로 광장에 섰다고 생각하지 않는다. 아니, 시작은 그랬다 하더라도 이제 광장은 분노의 결집 그 이상의 의미를 지니는 곳으로 변화하고 있다.

첫째, 윤석열 비상계엄 사태 이후의 광장은 여성들이 미치지 않고도 정상으로 주류가 될 수 있는 곳이다. 특정 모임의 주요 세력이 2030의 젊은 여성이면서 그것이 누구에게 규탄받지 않고 대한민국을 대표하는 무엇으로 나타난 것은 이번이 사상 최초다. 이는 주요 세대와 성별이 2030 여성이었을 뿐 남녀노소 모두 참여할 수 있었다는 점에서 누군가 그 의의를 축소하려 할 수도 있겠으나 이는 여성들에게 아주 큰 개인적 및 집단적 의의를 지닌다. 우리 사회는 유구한 세월 동안 정상과 비정상을 구분하고 사회가 인정한 정상 범주에 속하지 않는 사람들을 미친 사람들로 치부해왔다. 머리를 짧게 자르고 연애를 하지 않고 결혼을 하지 않고 아이를 낳고 싶지 않다고 하면 그 여자는 주류 사회에서 밀려나 유난하고 급진적인 사람, 과격한 비주류의 사람으로 낙인찍혔다.

하지만 광장에선 그렇지 않다. 여성들은 광장에서 떨리는 목소리로 자신이 페미니스트임을 공개하고, 자신이 어떤 삶을 살아왔는지 자신의 서사를 온전한 사람으로서 공유하기 시작했다. 이름과, 얼굴과, 목소리를 달고 밖으로 나왔다. 온라인에서 그렇게 "현실에선 다들 어디 있냐"라며 찾고 찾았던 동료들이 바로 내 눈앞에 있다. 내가 원하는 모습으로 나가도 무섭지 않은 공간이 형성된 것이다. 수많은 여성들이 자신의 정체성을 드러내며 깃발과 팻말을 들고 자유 발언을 실천하는 이유가 여기에 있다. 비가 오고 바람이 불고 눈보라가 쳐도 같은 자리에 함께할 동료가 있다는 믿음, 그리고 우리가 주류가 된 이상 그 누구도 우리를 어떻게 할 수 없다는 안전지대, 그 모든 것이 광장에 공존하고 있었다.

둘째, 윤석열 비상계엄 사태 이후의 광장은 폭력의 주체를 마주한 여성들에게 가장 큰 승리와 성취의 경험을 안겨다 줄 첫 번째 대중 집회다. 우리들은 여태껏 우리에게 폭력을 가하는 주체에 대한 실체를 마주할 상황이 거의 없었다. 내 삶에 지대한 영향을 미치지만 얼굴은 알 수 없는 소라넷, N번방, 딥페이크 등의 모든 가해가 그랬다. 요즘 세상에선 피해자가 가해자의 신상과 목적을 알 수 있는 것조차 권력이다. 가해자가 피해자에 대해 훨씬 더 투명하고 많은 정보를 알 수 있을 때, 피해자는 가해자에 대해 제대로 아는 것 하나 없이 두려움에 떨며 싸움을 시작해야 한다. 처음부터 기울어진 운동장이다.

하지만 이번 윤석열 비상계엄 사태는 처음부터 가해자의 정보를 확정한 게임이었다. 누가 이 내란의 우두머리인지 모두가 안다. 내가 싸우고 있는 상대가 누구인지 아는 것만으로도 나에게 가해지는 폭력에 맞서 싸울 힘을 얻는다. 가해자의 잘못이 명백한 상황에서 주류가 되어 싸울 수 있는 경험은 여성들에게 엄청난 기회다. 단순히 누군가를 이긴다는 의미를 넘어 승리의 빈곤에서 벗어날 간절한 기회. 앞으로 다가오고야 말 대통령 탄핵은 2030 여성들이 대한민국에서 집단으로 이루어 낸 가장 큰 성취가 될 것이다.

셋째, 윤석열 비상계엄 사태 이후의 광장은 서로 미워하지 않고 연대할 수 있는 곳이다. 많은 여성들은 살면서 같은 여자를 싫어할 수 있는 수만 가지 방법에 대해 알게 모르게 배워왔다. 나도 예뻐지고 싶지만 저렇게 성형한 여자들은 외모만 내세워서 별로야, 나도 사랑받고 싶지만 대놓고 여우짓 하는 여자들은 좀 얄미워. 나조차도 이 사회를 살아가며 습득한 여자를 향한 '미움'이 여전히 고개를 들 때가 있다. 하지만 이런 상황 속에서도 우리 여성들은 시행착오를 겪으며 연대를 배워나갔고 결국 서로를 미워하지 않고도 연대할 수 있는 광장을 만들어 냈다. 우리는 여전히 동료 여성들을 사랑하는 동시에 미워하기도 한다. 집단으로서의 여성 전체와 연대한다고 해서 개개인의 모든 여성과 연대하고 뜻을 함께할 수 있는 건 아니다. 우리는 늘 서로를 사랑하고 동시에 미워한다. 함께하며 실리를 취하기도 하고 다시금 흩어져 반대의 편에 서기도 한다. 하지만 광장에서만큼은 서로를 미워하지 않을 수 있다. 각자가 얼마나 다양한 아픔을 겪고 이 자리까지 왔는지 알기 때문이다. 공동의 목표가 있기 때문이다. 이렇게 광장은 동료 여성들을 덜 미워하되 더 사랑하며 연대할 수 있는 곳이 되었다.

사회는 언제나 미친 사람들을 가두고 억압하려고 한다. 하지만 인류는 늘 긍정적인 무언가에 미쳐 있는 사람들 덕분에 발전해 왔다. 이 대한민국의 2030 여성들이 그렇다. 나 자신을 있는 그대로 바라보지 않는 사회에서 벗어나기 위해, 그리고 그 변화를 위한 최소한의 기동력을 확보하기 위해 알에서 깨어나 페미니스트가 되었다. 그 깨어남이 여자들을 미치게 만들었을지라도, 여자들은 그 힘으로 소라넷과 낙태죄를 없애고, 미투(#MeToo) 운동을 일으키고, 어둠에도 빛이 꺼지지 않는 응원봉 집회를 만들었다.

이렇게 미래가 되는 힘은 필연적으로 긍정의 운동성을 갖는다. 고여 있거나 정체되지 않는다. 미쳐 있는 2030

여성들의 힘은 파괴하는 힘이 아니라 미래를 움직이는 힘일 테다. 페미니스트에게 반대하느라 안티 페미니스트가 되고 진보에 반대하느라 극우가 되고 이재명에 반대하느라 윤석열을 뽑는 '반대를 위한 반대'와는 완전히 다른 양상의 행보다. 느껴지지 않는가. 이런 여자들의 진짜 실체가 무엇인지. 이 미친 여자들의 진짜 모습이 무엇인지. 결국엔 폭발해 미칠 수밖에 없었던 나, 그리고 동료 여성들의 과거와 현재를 보며 난 그들의 진짜를 알게 되었다. 2030 여성들은 이 나라의 진짜 미래다.

그래서 나는 흔들리지 않는 확신으로 이야기한다.

"미래는 이미 와 있다. 단지 널리 퍼져 있지 않을 뿐이다."[2]
(The future is already here. It's just not very evenly distributed.)

---

[2] '매트릭스', '사이버스페이스' 등의 용어를 고안한 SF 소설가 윌리엄 깁슨(William Gibson)이 한 말이다.

타국에
있지만
조국은
지켜야겠어

탐

지구에서 활동하는 그래픽 디자이너. 현재는 도쿄에 거점을 두고 있다.
도쿄 윤석열 퇴진 집회에서 부총괄을 맡았고, 모든 집회의 비주얼을
디자인했다. 재미있는 일을 좋아한다.

나는 산 자로서, 앞서 나간 조상들을 마땅히 따를 것입니다.
대한민국의 민주주의를 위협하는 것들에 맞설 것이고,
그들에게서 피로 쓰인 민주주의를 지켜낼 것입니다.

お湯張りをします。お風呂の栓の閉め忘れに注意してください。
(욕조에 물을 채웁니다. 욕조의 마개를 꼭 막아주세요.)

내가 사는 집의 욕조는 자동 물 받기와 데우기 기능이 탑재된 욕조다. 버튼 하나만 누르면 여성의 안내음과 함께 욕조의 용량에 맞춰 물을 채워주고 물이 식지 않도록 데워 설정한 온도로 유지해 준다. 이 집으로 이사 온 뒤 매일 밤 욕조에 몸을 담그는 것이 나의 루틴이 되었다. 그날 밤도 퇴근 후 따끈한 물이 가득 찬 욕조에 막 몸을 담근 참이었다. 눈을 감고 욕조 벽면에 기대앉은 채 옆에 놓아둔 휴대폰을 집어 들었다. 잠금화면을 풀고 습관적으로 트위터(현 엑스)에 접속하는데 지금껏 본 적 없는 단어가 눈에 들어왔다.

"계엄선포"

이게 어찌 된 영문인지 파악하기도 전에 피드가 자동으로 새로고침 되어 내가 본 트윗이 사라졌다. 아까 본 트윗을 찾으려고 스크롤을 내리는데, 그 트윗을 찾을 필요도 없이 모두가 똑같은 이야기를 하고 있었다.

"계엄령", "계엄선포", "비상계엄", "쿠데타"……

욕조에 비스듬히 기대앉아 욕조 바깥으로 걸쳐둔 왼손에 휴대폰을 쥐고 있던 나는 자세를 바로잡았다. 가로로 돌아앉아 양팔을 욕조 끝에 걸치고, 양손으로 휴대폰을 붙잡고, 손가락으로 화면을 아래에서 위로 쓸어올리고, 눈으로 타임라인을 훑었다. 시간은 밤 11시를 지나고 있었고 이 주제는 30분 전쯤부터 계속 올라오고 있었다. 나는 아래로 글이 잔뜩 쌓인 타임라인을 졸졸 거슬러 올라가며 지난 30분간 무슨 일이 있었는지를 겨우 따라잡았다. 그러는 중에도 새로운 정보는 계속해서 타임라인으로 쏟아져 나왔다. 계엄을 선포한 현 대통령과 대적하는 야당의 대표가 라이브 방송을 켜고 국회로 향하고 있었고, 방송을 보는 시민들에게 당장 국회로 와달라고 말하며 자연스럽게 국회의 정문이 아닌 울타리를 넘어 국회 안으로 진입했다. 타임라인은 당장 국회로 가야 한다며 행동을 촉구하는 글, 현재 상황을 실시간으로 알려주는 글, 이게 무슨 상황인지 황당해하거나 화를 내거나 두려워하는 글, 과거 군부독재 시절의 이야기를 꺼내며 있어서는 안될 일이라 말하는 글 등 하나의 주제에서 뻗어나간 여러 이야기들이 뒤엉켜 무아지경이었다.

검색 탭을 탭하니 韓国戒厳令(한국 계엄령), 韓国大丈

夫(한국 괜찮음?), 戒厳令発令(계엄령 발령), 反国家行為(반국가 행위), 国会封鎖(국회 봉쇄), ユン大統領(윤 대통령) 등의 키워드가 나를 위한 일본 실시간 트렌드라며 화면을 채웠다. 정치에 관심 없기로 유명한 일본인들이 정치 관련 키워드로 실시간 트렌드의 한 페이지를 채우는 광경을 나는 그날 처음 보았다. 그것이 한국의 이야기인 게 문제였다. 윤석열의 이해할 수 없는 행동은 그 늦은 시각 옆 나라 일본의 SNS마저 실시간으로 뜨겁게 달궜다.

도쿄에서
한국인이
할 수 있는 일

일본에 있던 내가 할 수 있는 일은 휴대폰을 붙잡고 손가락과 눈을 열심히 움직이는 것뿐이었다. 비상계엄 소식을 막 접한 밤 11시부터 비상계엄 해제 요구안이 가결되던 새벽 1시까지 나는 욕조에 앉아 트위터와 유튜브를 양쪽으로 넘나들며 불안에 떨고, 가족과 친구와 조국을 걱정하고, 계엄 해제 소식에 겨우 안도의 한숨을 뱉었다. 물은 미지근해진 지 오래였다. 아주 잠깐의 안도 후에는 다시금 불안이 나를 덮쳐왔다. 계엄이 해제되고 나서도 한 시간은 더 욕조 안에서 휴대폰을 붙들고 있었고, 물이 체온보다 차가워질

때쯤 겨우 욕조 밖으로 나와 침대에 몸을 뉘었다. 물론 그러고 나서도 바로 잠에 들지 못해 내일이 오지 않을 것처럼 휴대폰만 쳐다보다가 안 되겠다 싶어 휴대폰을 내려놓고 눈을 감았다.

　　　간밤에 책에서만 보던 일이 실제로 일어났어도 내일은 아무 일 없다는 듯 고요하게 찾아온다. 회사에 출근해서 사람들의 얼굴을 살피는데 평소와 다를 바 없었다. 한국과 꽤 밀접하게 얽혀 있는 회사임에도 그랬다. 한국인 동료에게 "뉴스 봤어요?" 하고 이야기를 꺼내보았으나 반응은 미적지근했다. 어떻게 저렇게 자기와 먼 나라 이야기인 것처럼 태연할 수가 있지? 그 동료뿐 아니라 모두가 아무 일도 없었다는 듯이 평소처럼 일했다. 이 사무실 안에서 간밤의 계엄을 겪은 건 나뿐인 것 같았고, 어쩌면 실제로 그랬다. 내가 지금 발붙이고 있는 이 나라에는 계엄이 발동되지 않았으니까. 나는 여기서 무엇을 할 수 있을까? 한국 밖의 이국땅에서 두려움과 부채감과 말로는 다 형용할 수 없는 이 감정들을 어떻게 해소할 수 있을까?

　　　한국에서는 계엄 당일 새벽 국회 앞에 급하게 시민들이 모인 다음 날부터 긴급 집회가 계속해서 열리는 모양이었다. 일본에서는 할 수 있는 게 없을까 싶어 SNS에 '일본 집회'라는 키워드로 검색해 보았다. 누군가가 도쿄에서 열리는 집회 소식을 올려둔 글을 발견했다. 신오쿠보에서 12월 6일 금요일, 우에노가 12월 7일 토요일. 토요일은 대통령 탄핵 소추안 표결이 있는 날이기도 했다. 집회에 나가자. 누가 올지 지나가는 사람들이 어떤 반응을 보일지 무슨 예상치 못한 일이 생길지 모르지만 일단 나가자. 집회 소식을 올려둔 글의 타래에는 집회에 나가려는 사람들이 모이는 오픈 채팅방 링크가 있었다. 채팅방 이름은 '일본 내 윤석열 퇴진 집회 정보 공유(이하 정보 공유방)'. 혼자보다는 낫겠지, 하고 정보 공유방에 입장하니 열 명 남짓의 사람들이 벌써 들어와 있었다. 도쿄에 나와 같은 마음인 사람들이 열 명이나 있다는 것에 안도했다. 12월 5일 목요일의 일이다.

하루 뒤 금요일에는 정보 공유방 인원이 몇 배로 불어났다. 별다른 규칙이 없던 채팅방에 사람이 많아지니 점점 혼란스러워졌다. 누군가가 새로 들어올 때마다 반복되는 단골 질문들, 사담을 나누는 사람들, 해외에서 집회에 참여하는 것에 대한 걱정의 목소리. 이 정도는 상식선에서 대응할 수 있는 범위다. 자기가 광주 출신인데 이번 일에 너무 화가 난다고 과장된 사투리로 사담을 툭툭 던지다가 갑자기 일본까지 와서 이런 짓 하지 말라고 국정원에 신고하겠다며 장문의 메시지를 보내고 튄 극우 분탕러도 있었다. 단체 채팅방을 여러 번 관리해 본 나는 어쩌다 보니 부방장이 됐다. 방장에게 방장봇 설정하는 방법을 알려드리고 사람들의 질문에 답변하고 마찰을 중재하고 분탕러를 내보낸다. 본업을 살려 집회에서 들 피켓을 디자인해 pdf 파일을 공유하기도 한다. 그러자 채팅방에 있는 누군가가 회사 복사기를 이용해 피켓을 넉넉히 인쇄해 가겠다며, 이따 신오쿠보에서 보자고 말한다. 열 명으로 시작된 연대는 집회가 가까워질수록 점점 커지고 있었다.

12월 6일 금요일, 신오쿠보에서 열린 집회는 저녁 6시 30분부터 시작되었다. 주최 측 인원을 포함해 30명 정도. 한 사람이 메가폰과 마이크를 들고 발언을 하고 있고, 그 주변으로 사람들이 피켓을 들고 보도 양쪽에 죽 늘어서 있다. 언제나 붐비는 신오쿠보 교차로 속에서 나는 그쪽만을 바라보며 신호가 바뀌기를 기다렸다. 왜인지 두근두근 가슴이 뛰어 신발 속으로 괜히 발가락을 꼼지락거리면서. 신호가 바뀌자마자 달렸다. 마이크를 든 사람 옆에 피켓을 들고 선 사람에게 집회에 참여하러 왔다고 말하자 그는 들고 있던 피켓 하나를 나눠준다. 나는 그것을 받아 길지 않은 줄 끝으로 가 피켓을 얼굴 높이로 들고 섰다. 피켓의 양면에 '윤석열 정권 퇴진하라!'라는 문구가 한국어와 일본어로 각각 쓰여 있다. 자세히 보니 피켓을 업체에 맡겨 인쇄한 것이 아니라 두꺼운 종이의 양면에 복사기로 인쇄한 A3 용지를 붙여 만든 형태다. 건너편에 서 있는 사람의 손에는 A4 용지에 인쇄된 내가 디자인한 피켓이 들려 있다. 아까 채팅방에서 이야기 나눴던 그분일까. 한국 집회처럼 하루 만에 반질반질 예쁘게 인쇄된 인쇄소 피켓도 아니고 깔끔하고 주목도 있는 디자인의 집회 포스터도 아니지만, 얼기설기 구색을 갖춰 얼추 집회의 문법을 띤다.

횡단보도 앞에서는 주최 측으로 보이는 사람들이 돌아가면서 발언을 한다. 다들 한국어보다 일본어가 더 익숙한지 발언은 모두 일본어다. 그들은 발언 끝에 구호를 선

창한다. "ユンソンニョルは退陣せろ!(윤석열은 퇴진하라!)" 피켓을 들고 선 우리는 선창에 따라 뒤따라온 구호를 세 번 외친다. "退陣せろ! 退陣せろ! 退陣せろ!(퇴진하라! 퇴진하라! 퇴진하라!)" 우리는 구호를 통해 연결된다. 집회에 참여하기 전 느꼈던 긴장감은 모두가 입 모아 외치는 구호에 실려 흩어진 지 오래다. 집회 참여가 처음이라 떨린다던 친구는 어느새 처음 만난 옆 사람과 이야기를 나누고 있다. 나는 왼편에 서 있는 여성 두 분과 말문을 튼다. 우리는 구호 중간중간의 틈에서 어쩌다 일본 도쿄로 흘러오게 되었는지부터, 계엄 당일 새벽에 느낀 당황스러움과 분노까지 열렬히 토로한다. 윤석열의 불법 계엄 선포 이후 지난 3일간 마음속에 뭔가 얹힌 것 같았던 불편한 느낌이 순식간에 내려간다. '나만 호들갑 떨고 있나.' 하며 나를 검열하는 거 말고, 나와 같은 생각을 하는 사람들과 같은 마음을 공유하고 싶었다. 한국에서는 충분히 가능했을 별거 아닌 일들이 일본에서는 좀처럼 이루기 힘든 욕심이 된다.

새로운 발언자가 또다시 구호를 선창한다. "ユンソンニョルを弾劾せよ!(윤석열을 탄핵하라!)" 우리는 선창에 따라 구호를 외친다. 수많은 행인이 우리 앞을 지나친다. 이쪽을 한 번 힐끗 보고 손에 든 스마트폰으로 눈을 돌리는 사람, 발걸음을 늦춰 천천히 걸으며 영상을 찍는 사람, 멈춰서 사진을 찍어도 되냐고 묻는 사람. 또 어떤 사람은 지나가면서 우리말로 "와, 도쿄에서도 이런 걸 하네"라며 스마트폰으로 저쪽 끝부터 이쪽 끝까지 쭉 스캔하기도 한다. 나는 똑똑히

들으라는 듯이 괜히 구호를 더 크게 외친다. "弾劾せよ！弾劾せよ！弾劾せよ！(탄핵하라! 탄핵하라! 탄핵하라!)" 여기 일본 도쿄에도 윤석열의 탄핵을 간절히 바라는 한국인이 산답니다.

피켓을 들고 구호를 외친 지 한 시간 만에 집회가 끝났다. 한국에서 몇 번 집회에 참여해 본 나는 예상치 못한 짧은 집회 시간에 놀랐다. 우리는 신오쿠보 교차로 횡단보도 앞에서 기념사진을 남기며 아쉬움을 뒤로했다. 사진은 휴대폰에서 휴대폰을 타고 공유된다. 피켓을 들고 나란히 서서 구호를 외치며 연대의 마음을 공유한 것처럼. 우리는 내일을 기약하며 각자의 삶으로 돌아간다.

불어나는
한마음으로

12월 7일 토요일. 윤석열의 탄핵 소추안 표결일이자 오후 5시 우에노 공원 앞 집회가 예정된 날. 집회 시작 6시간 전부터 정보 공유방에 새 메시지가 차곡차곡 쌓인다. 오늘 집회에 대한 질문과 답변. 피켓, 보조배터리, 마스크, 핫팩, 간식 등 집회에 도움이 되는 것들을 챙겨간다는 따뜻한 마음들. 내가 사는 곳에서 우에노까지는 한 시간이 안 걸리지만 더 일찍 집을 나선다. 정보 공유방 방장 '세'와 접선하기 위해서다. 당일 아침 세로부터 함께 수고해 주셔서 감사하다고, 집회 시작 전에 잠깐 만나 인사라도 나누자는 연락이 왔다. 저도 당신이 너무 궁금했어요…… 마다할 것 없이 당장 수락했다.

  사실 나에게는 오늘 집회에 동행하기로 한 초면인 친구 '원'이 있었기에 원도 그 자리로 불러낸다. 원은 나의 대학 친구 '무'의 친구로, 일본에서 5년 넘게 지내고 있는 혈혈단신 쾌녀라길래 무에게 졸라 최근에야 SNS 맞팔로우를 한 상태였다. 불과 며칠 전까지만 해도 우리는 얼굴도 모르고 대화도 해본 적 없는 '인터넷 친구'였다. 그러나 윤석열이 계엄을 지르고 며칠 뒤 원에게서 다이렉트 메시지가 도착했다

> 안녕하세요. 무 친구 원입니다. 이렇게 첫 연락을 드릴 줄은 몰랐는데 혹시 내일 우에노 가시나요 ㅠㅠ?
> ─ 12월 6일 10:08 오전

  윤석열의 불법 계엄에 분노하는 스토리를 촘촘히 올리고 있었는데 그것에 대한 답변으로 온 메시였다. 우리는 어색한 인사를 나누고 집회에서 함께하기로 약속했다. 일본 도쿄에서 친구의 친구와의 첫 만남이 윤석열 탄핵 집회일 거라고는 상상도 못 했는데.

  나는 처음 만나는 사람들이 가득한 자리로 향했다. 접선 장소는 집회 장소인 우에노 공원 근처의 스타벅스. 넓은 우에노역 안을 헤매다 스타벅스와 가까운 출구로 겨우 빠져나갔다. 저 멀리 야외 테이블에 원이 설명한 인상착의를 하고

앉아 있는 사람이 희끗 보인다. 원으로 추정되는 그 사람에게 슬금슬금 다가가 눈을 맞추고 어색한 첫인사를 건넨다. 나와 눈이 마주치고는 무표정이었던 얼굴을 풀고 어색한 웃음을 보이는 그는 원이 맞았다. 원의 옆에는 세, 그리고 정보 공유방에서 세를 도와 적극적으로 정보를 공유해 준 다른 한 분이 있었다. 우리는 대용량 커피 트래블러를 양손 가득 들고 집회 장소로 향한다. 집회에 참여하지 못하는 누군가가 몸 대신 보낸 마음이다. 해외 집회에서의 선결제 커피인 셈이다.

집회 시작까지 10분 정도를 앞둔 시간. 우에노 공원 앞 넓고 커다란 계단에 벌써 사람이 조금 모여 있다. 사람들은 좌측 계단 제일 아래 줄부터 그 위로 네 줄 정도까지 나란히 늘어서 있다. 한 줄에 선 인원은 6~8명. 어제 신오쿠보 집회 참여 인원과 얼추 비슷한 듯도 하다. 계단 제일 아래쪽에 피켓 여러 장을 들고 서 있는 분께 가서 피켓을 받아온다. 같이 온 친구들 것까지 네 장. 어제처럼 두꺼운 종이 양면에 A3 용지를 부착해 수제작한 피켓이다. 피켓을 손에 들고 제일 마지막 줄의 한 칸 위 계단에 올라가서 새로운 마지막 줄을 만든다. 양옆에는 원과 방장 세가 선다. 집회가 시작될 때쯤 내 뒤로 다섯 줄 정도가 더 생겼다. 슬쩍 고개를 돌려 계단 위를 올려다보니 반짝반짝 빛나는 응원봉과 피켓을 든 손들 사이로 빈손으로 서 있는 얼굴들이 보인다. 나는 좁은 계단 위에 나란히 서 있는 사람들 사이 틈새로 몸을 구기며 조심스럽게 앞으로 내려가, 땅에 놓인 수작업한 피켓을 한 무더기 집어 들고 계단을 한 칸 한 칸 오르며 피켓 없는 손에 피켓을 건넨다. 집회가 시작되자 계단 네 줄이었던 집회 인원이 어느새 스무 줄로 늘어났다. 마지막 줄이 끝없이 생겨난다. 직접 피켓을 인쇄해 온 사람도 있지만 빈손이 더 많아 수제작한 피켓은 금세 동이 났다. 나는 자리로 돌아가 바닥에 내려놓은 가방 속에서 어제 집회에서 받았던 피켓 뭉치를 꺼냈다. 어제 집회에 참여한 누군가가 내가 공유한 피켓 디자인을 회사에서 인쇄해 온 것이다. 다시 계단을 오르며 피켓을 배부한다. 50칸 정도 되는 우에노 공원 앞 좌측 계단은 사람들로 가득 차서 계단을 다 오르면 나오는 평지에까지 사람들이 길게 늘어서 있다. 족히 80줄은 되어 보인다.

계단 아래에서는 발언자들이 돌아가며 계단 위에 선 집회 인원을 향해 일본어로 발언하고 있다. 그들의 목소리는 메가폰을 통해 사람들에게 퍼진다.

"ユンソンニョルを弾劾せよ！(윤석열을 탄핵하라!)"

사람들은 발언 끝의 선창에 맞춰 구호를 외친다.

"弾劾せよ！ 弾劾せよ！ 弾劾せよ！
(탄핵하라! 탄핵하라! 탄핵하라!)"

앞줄에 서 있을 때는 잘 몰랐는데 위로 올라와 보니 뒷줄로 갈수록 메가폰 소리가 희미하다. 때마침 같은 시간대에 우에노 공원에서 페스테벌을 하고 있어서 계단 뒤쪽에서는 노랫소리밖에 들리지 않는다. 정보 공유방에는 뒤쪽에 선 사람들이 소리가 하나도 안 들린다며, 뭐라고 하는 거냐고 묻는 메시지가 올라온다. 앞줄에 선 사람들은 지금 무슨 이야기를 하는지, 선창 구호가 뭔지 등을 메시지로 보내 준다. 높고 길게 이어진 계단은 집회 장소로서 영 아쉬운 공간이다. 함께하는 사람들과 나누기 위해 마스크나 핫팩이나 간식을 담아 바리바리 챙겨온 마음들은 좁은 계단 위에서 꼼짝 못 한 채 서 있을 수밖에 없다. 정보 공유방에 마스크나 핫팩 등 필요한 것을 찾는 사람이 나오면 나눌 마음을 잔뜩 들고나온 이들이 말씀하신 것 가지고 있다며 채팅방에 속속 등장했으나, 정작 현장에서는 서로를 찾지 못해 우왕좌왕했다. 좁은 계단 대열에서 잠시 빠져나오는 것도, 마땅한 표식도 없는 계단에서 서로의 위치를 공유하는 것도, 무채색 옷의 사람들 속에서 서로의 인상착의를 공유하고 서로를 알아보는 것도 여간 어려운 일이 아니었다.

집회가 시작된 지 30분 정도 지났을까. 계단 제일 앞줄에 서서 아이패드를 기다란 봉에 연결해 높이 들고 있는 남성이 일본어와 어눌한 한국어로 무언가 외친다.

"表決、始まりました！(표결 시작됐어요!)"

김건희 특검법 표결이 부결로 끝나고, 윤석열 탄핵안 표결이 시작되었다는 것을 알리는 외침이다. 그것을 들은 집회 진행자가 메가폰에 대고 표결이 시작되었다고 외친다. 사람들이 술렁이며 한 손에는 피켓, 한 손에는 휴대폰을 꺼내 들고 SNS를 확인하거나 유튜브 라이브를 켠다. 몸은 도쿄에 있지만 마음은 대한민국 국회의사당 앞에서, 지역 광장에서, 그리고 세계 곳곳에서 윤석열 탄핵을 외치는 국민과 함께. 구호를 외치는 목소리가 더욱 커진다.

그러나 우리에게 돌아온 건 국민의힘 의원들의 본회의장 퇴장 퍼포먼스. 의결 정족수 200명을 채우지 못하면 개표조차 불가하다는 점을 이용해 구질구질한 단체 퇴장 쇼를 벌인 것이다. 안철수 의원을 남기고 107명이 전원 퇴장. 8표의 찬성만 있다면 탄핵안이 가결될 텐데. 실상은 그 8표가 부족해서 개표조차 못 하고 탄핵안이 폐기되게 생겼다. 국민들은 이 추운 날 탄핵 시위로 고생을 하는데, 국민을 대변하는 국회의원이라는 작자들이 국민들의 고생을 개고생으로 만들다니. 이럴 수가 있나? 사실 계엄 당일 자기들끼리 당사에 꽁꽁 숨어 있었던 그들에게 큰 기대는 없었다. 그래도 상식은 있을 줄 알았다. 그래, 국가 건립 이래 처음으로 대통령이 탄핵된 이후, 그다음으로 세워놓은 대통령까지 탄핵당한다면 당의 존속에 문제가 생기겠지. 그런데 이 상황은 당의 존속 이상으로 국가 존속이 걸린 문제다. 망한 국가에서 자기 혼자 떵떵거리면서 살아봤자 얼마나 잘살 수 있을까? 나는 그들이, 어느 정도 배웠다는 그들이, 국민을 대변한다는 그들이, 무너져 가는 모래성에서 자기 이득만을 챙기고자 모래성 위로 물을 부어버리는 멍청한 선택을 하지는 않을 것이라 생각했다. 그러니 당연하게 12월 7일 표결에서 탄핵이 될 것이라고 생각했다.

그런데 그렇지 않았다! 국민의힘은 당론을 탄핵 반대로 정했고, 혹시라도 당내에서 이탈 표가 생길까 봐(김건희 특검법에서는 실제로 이탈 표가 있었다) 윤석열 탄핵안 표결이 시작되자 아니나 다를까 단체 퇴장 쇼를 선보였다. 세상에는 내가 생각하는 상식과 다른 상식을 가진 사람들이 너무나도 많구나……. 애초에 그렇기 때문에 2년 반 전에 근소한 차이로 윤석열이 당선된 것이겠지. 그래, 내가 해외로 나온 게 이것 때문이었지…….

두 명 중 한 명은 나의 상식과는 다른 생각을 하는 나라에서 살아야 한다는 사실이 너무나도 싫어서. 이대로 이 나라에 계속 산다고 했을 때 그려지는 미래가 너무나도 지긋지긋해서. 그렇게 도망쳐 온 해외지만 정작 이런 일이 생기자 어떻게라도 목소리를 내고자 나는 여기서도 거리로 뛰쳐나온다. 큰 잘못으로 인한 고비를 운 좋게 넘기고 나서도, 자기들의 운을 믿으며 또 다시 같은 잘못을 저질러 나라를 임종 위기에 처하게 한 사람들을 대신해 그들이 싸놓은 커다란 똥을 치우러. 국가라는 거대 팀 프로젝트의 공중분해를 막고, 어떻게든 이어가기 위해…….

그렇게 우리는 우에노 공원 앞으로 뛰쳐나왔다. 우리가 서 있는 이곳이 대한민국이 아닐지라도, 현장의 최전선에서 싸우고 있는 사람들과 뜻을 함께하기 위해서. 아무래도 나는 한국을 지독하게 애증하는 게 분명하다.

우에노 집회는 6시 30분이 조금 지나 끝이 났다. 국민의힘 의원 중 김예지 의원과 김상욱 의원이 본회의장으로 돌아와 투표에 참여한 것을 빼면 오늘 본회의의 결과가 크게 달라질 일은 없을 것 같았다. 국민의힘이 퇴장 쇼를 펼친 이후, 구호를 외치고 노래를 부르는 목소리는 작지 않았으나 집회의 분위기는 묘하게 가라앉아 버렸다. 그래도 우리에게는 계속 살아가야 할 내일이 있고, 살아 내야 할 삶이 있었다. 집회가 끝난 뒤 그대로 돌아가는 사람들도 있었지만, 몇몇은 우에노 공원 계단 오른쪽 아래의 공중전화 부스 앞에 모였다. 그들은 응원봉을 둥글게 모아놓고 집회의 기념사진을 남긴다. 나눠줄 마음을 잔뜩 챙겨온 사람들은 그제야 간식이나 핫팩을 서로서로 나누었다. 나와 세는 몇 분의 도움을 받아 공중전화 부스 앞에 모인 사람들에게 집회 전 받아온 스타벅스 커피를 돌린다. 다음 집회 때 또 뵙자는 말과 함께.

우리는
국경을 넘어
'다시 만난 세계'로 간다

일주일 뒤 12월 14일 토요일, 해가 슬슬 기울어가는 오후 4시. 신주쿠 남쪽 출구 넓은 보도 한편에 빨갛고 반

질반질한 피켓을 든 사람들이 모여 있다. 사람들 건너편에 선 사회자가 마이크에 대고 구호를 외친다. 마이크를 통과한 사회자의 목소리가 양옆에 설치된 대형 앰프를 통해 엄청나게 큰 소리로 울려 퍼진다. "ユンソンニョルを弾劾せよ！(윤석열을 탄핵하라!)" 건너편에 선 사람들이 더 큰 목소리로 구호를 제창한다. "弾劾せよ！ 弾劾せよ！ 弾劾せよ！(탄핵하라! 탄핵하라! 탄핵하라!)" 오늘 나는 도쿄에서 열린 세 번째 윤석열 탄핵 집회에 나와 있다. 앞선 두 번의 집회 때와 무언가 달라진 점이 있다면 이번에는 참여자가 아니라 주최자로 와 있다는 것.

    때는 두 번째 집회의 다음 날로 되돌아간다. 12월 8일 일요일 이른 오전, 정보 공유방 방장 세의 주도로 집회 비상 조직 위원회가 꾸려진다. 급하게 정해진 팀의 이름은 '도쿄 윤석열 퇴진 집회'. 정보 공유방 안에서 앞선 두 번의 집회 주최에 대한 우려의 목소리가 있기도 했고, 앞선 집회에 이래저래 아쉬움을 느껴 아예 '우리가 집회를 열어야겠다!' 하는 마음으로 조직된 것이었다. 나는 오전에 일정이 있었던지라 오후 늦게 소식을 확인했다. 바로 세에게 참여하고 싶다는 메시지를 보냈다. 엄청난 계기나 비장함 같은 게 있었던 것은 아니고, '손은 많을수록 좋으니까' 하는 단순한 생각이었다. 한국에서 함께하지 못하는 부채감에 여기에서 할 수 있는 걸 하자는 마음이었다.

    정보 공유방에서 부방장을 맡았기 때문인지 여기서

도 부총괄을 맡았다. 집회 비상 조직 위원회로 모인 우리들은 8일 일요일부터 13일 금요일까지 6일 동안 함께 일해줄 사람을 모으고, 집회 장소를 정하고, 사전 답사를 다녀오고, 관련 기관에 집회 신청을 하고, 홍보 포스터와 피켓을 디자인하고, 인쇄소에 발주를 맡기고, 온라인 계정을 개설해 홍보를 올리고, 참여 수요 조사를 하고, 후원 계좌를 열고, 집회의 얼개를 짜고, 현장 대응 매뉴얼을 짜고, 플레이리스트를 구성하고, 음향 장비를 대여하는 등…… 밤낮으로 일했다. 집회 운영 경험이라고는 없는 일반인들이 일주일도 안 되는 시간 동안 준비한 집회지만, 이전 집회에서 아쉬웠던 부분을 개선하고 싶어 할 수 있는 한 최선을 다했다.

집회 전날 밤에는 세의 집에 갔다. 빈속으로 갔더니 세의 어머니께서 북엇국에 6첩 반상을 차려주셨다. 현미밥, 김치, 계란말이, 들기름에 부친 두부, 콩나물……. 따뜻한 밥을 한 숟갈 둥그렇게 떠서 그 위로 잘 익은 김치를 한 점 올린다. 그대로 입안에 넣으니 새큼하고 짭조름한 김치가 입맛을 싹 돋운다. 김치가 너무 맛있다고 말하니 전라도에서 온 김치란다. 광주에서 나고 자란 나에게 너무 익숙하고 그리운 맛. 일본에 와서 김치인 척하는 기무치만 먹다가 오랜만에 전라도식 진짜 김치를 먹으니 김치 하나로도 밥 세 그릇은 뚝딱 해치울 수 있을 것 같았다. 준비해 주신 밥상을 남김없이 싹싹 비우고 후식으로 딸기를 먹으며 내일 집회를 위한 준비를 마저 시작했다. 나는 표결 직후 스피치를 맡게 되어 그것을 준비하고, 세는 집회 타임라인과 플레이리스트

확인과 대본 정리 등 집회 전 최종 점검을 한다. 플레이리스트를 재생하며 익숙지 않은 민중가요를 연습하던 세가 문득 옆에서 중얼거린다. "내일 잘할 수 있겠지? 해내자, 해내야지."

어느새 12월 14일. 도쿄에서 열리는 세 번째 탄핵 집회이자 우리가 여는 첫 번째 탄핵 집회의 당일을 맞이했다. 일주일간 집회를 준비한 우리는 오후 두 시를 조금 넘긴 시간 신주쿠역 남쪽 출구 앞에 모였다. 단상 대신 준비한 사다리 주변에 마이크 두 대, 그 양옆으로 대형 앰프를 한 대씩 설치한다. 마이크 소리와 노랫소리가 멀리까지 잘 퍼지는지 테스트를 한다. 노란 신호수 조끼를 입은 현장팀 팀원들은 피켓을 하나씩 집어 들고 둘씩 짝을 지어 신주쿠역 출구 여기저기로 떠난다. 신주쿠역은 굉장히 넓고 출구가 많아 복잡해서 집회에 참여하려고 오는 사람들에게 장소를 안내하기 위해서다.

어느덧 4시, 집회가 시작될 시간이다. '도쿄 윤석열 퇴진 집회'의 총괄이자 사회자인 세는 작은 손으로 마이크를 쥐고 단상 대신 준비한 작은 사다리에 오른다. 이윽고 건너편에 선 사람들에게 첫인사를 건넨다. 긴장한 듯 목소리가 약간 굳어 있었지만 말을 하면서 점점 자연스러워지는 것이 경험 없는 사람이라고는 믿기지 않을 정도였다.

지난주 탄핵안 부결을 한 번 겪어서 그런지 집회가 막 시작한 시간임에도 불구하고 참여 인원이 훨씬 많다. 지난 집회 때 마주했던 얼굴들도 보인다. 사람들은 한국의 집회가 그러하듯 피켓을 든 손에 각자가 소중하게 여기는 응원봉이나 작은 인형을 함께 쥐고 있다. 작은 깃발을 만들어서 온 사람도 있다. 서울 집회보다 규모는 작을지라도 사람들이 품은 마음의 형태는 같다. 점점 늘어나는 사람들을 바라보며 총괄님의 옆을 지키는데 카메라를 든 남성이 사람들의 시야를 가리지 않도록 허리를 낮추고 조심스럽게 다가온다. 나는 그에게 다가가 무슨 일이냐고 묻는다. 그는 명함을 내밀며 고개를 숙인다.

"すみません、神奈川新聞の矢部真太と申します。
(안녕하세요, 가나가와 신문의 야베 신타라고 합니다.)"

미리 연락을 나누지 않은 일본의 신문사에서 우리를 찾아왔다. 그는 자기를 가나가와 신문사의 기자라고 소개하며 우리를 취재하고 싶다고 했다. 사회를 보는 세를 대신해 사람들의 시야를 가리지 않는 구석 자리로 가서 그의 취재에 응한다. "어쩌다가 집회를 열게 되었나요?", "집회를 조직하신 분들은 모두 유학생인 건가요?", "이번 계엄에 대해 어떻게 생각하시나요?" 등, 그가 준비해 온 집회와 계엄에 관한 질문에 나는 짧은 일본어로 두서없이 답변한다. 한국어로 답하면 술술 나올 말들이 일본어로 치환되지 못하고 목구멍에 턱 걸린 채 입안을 맴돈다. 일본어 공부를 좀 더 열심히 할 걸…… 하는 아쉬움이 강렬하게 든 순간이다. 그래도 어떻게든 하고 싶은 말을 최대한 전했다.

"저는 한국의 광주광역시 출신입니다. 1980년대에 민주화운동이 가장 활발했던 지역이며 계엄령으로 인한 피해가 컸고 역사 시간에 그것을 보고 듣고 배우며 자랐습니다. 그런데 실제로 계엄 상황이 일어나게 되어 너무 놀랐습니다."

그는 한 손으로 캠퍼스 노트를 받친 채 다른 한 손으로 나의 말을 휘리릭 받아 적었다. 그리고 나와 눈을 맞추며 자신도 광주의 일을 잘 알고 있다고, 자신은 한국의 민주주의 정신에 관심이 많으며 일본에서 학생운동에 참여해 본 적이 있다고 말한다. 개인주의에 정치에는 일말의 관심도 없는 게 주류인 일본에서도 함께 모여 무언가를 바꾸고자 하는 사람들이 있구나. 야베 씨 또한 그런 사람이기에 지금 새로 쓰이고 있는 투쟁의 역사를 취재하기 위해 주말에 이곳까지 나왔을 테다. 맑고 단단한 마음을 가진 사람들은 국적과 인종을 초월해 서로의 손을 마주 잡고 뜻을 함께한다.

야베 씨와의 인터뷰를 마치고 다시 세 옆으로 돌아갔다. 겨울의 도쿄는 4시 반이면 해가 진다. 우뚝 솟은 도쿄의 고층 빌딩 뒤로 해가 넘어가 집회 장소도 슬슬 어둑어둑해진다. 어느덧 500명에 가깝게 늘어난 사람들이 쥔 응원봉이 더욱 밝게 빛나며 신주쿠역 남쪽 출구를 형형색색으로 물들인다. 우리의 총괄이자 사회자인 세는 앞에 나와서 함께 노래를 불러달라며 사람들에게 호응을 유도한다. 내심 노래를 부르고 싶었던 사람들이 앞으로 후다닥 달려 나온다. 민중가요가 흘러나오면 중장년층 시민들이, 케이팝이 흘러나오면 나와 같은 또래의 여성들이 마이크를 쥐고 노래를 부른다. 건너편에 선 사람들은 노래를 따라 부르고 구호를 함께 외친다. 앰프를 통해 울려 퍼지는 목소리보다 훨씬 큰 목소리로. 그렇게 노래를 부르는 와중에 한 사람이 환호한다. 그 주변 사람들도 함께 환호하기 시작한다. 오후 5시, 드디어 윤석열의 탄핵안이 가결되었다. 앰프에서 흘러나오는 노래가 〈아모르파티〉로 바뀌고, 집회 현장도 축제 분위기로 바뀌었다.

의결이 끝난 뒤 나는 마이크를 들고 단상 위에 오른다. 한마음이 되어 환호하고 기뻐하는 사람들을 바라보고 선다.

> ……윤석열은 목요일 긴급 성명에서 "도대체 두 시간짜리 내란이라는 것이 있습니까."라며 그날 밤을 가볍게 입에 담았습니다. 국민을 위한다는 대통령이, 5천8백만 대한민국 국민들이 공포에 떤 두 시간을 '두 시간짜리 내란'이라 부를 수 있습니까? 그가 가볍게 말한 '두 시간짜리 내란'은 그 여느 때보다 긴 두 시간이었습니다. 비록 나는 타지에 있지만 나의 기반, 가족과 친구들, 내가 사랑하는 것은 모두 나의 조국에 있기 때문입니다.
>
> 광주에서 태어난 저는 계엄을 직접 겪은 세대가 아니었지만 2024년 12월 3일을 기점으로 계엄을 직

접 겪은 세대가 되었습니다. 광주에서 태어난 저는 1980년 광주에서 나의 조상들이 피로 써 내려간 민주주의의 역사를 압니다. 그 과정이 얼마나 잔혹했는지 압니다. 저에게는 두 시간이었으나 조상들에게는 열흘이었습니다. 계엄의 시간 동안 타지에 있던 저조차도 너무나 무서웠는데, 열흘이라는 시간 동안 광주에 고립되어 민주주의를 외치던 그들은 어떤 마음으로 국가와 군인의 총칼에 맞섰을까요. 1980년에 조상들이 피로 지켜낸 민주주의를, 2024년의 윤석열은 터무니없는 이유를 들며 붕괴하려 합니다.

그에 분노한 국민들이 윤석열을 탄핵하자며 이 추운 겨울 거리로 나왔고, 지난 12월 7일 탄핵 소추안 표결이 진행되었습니다. 그러나 국민을 위해 일해야 마땅한 여당의 국회의원들이, 국민의 뜻을 저버리고 탄핵 반대를 당론으로 삼아 표결에 불참하여, 표결을 무산시켰습니다. 그리고 12월 14일 오늘, 우리의 외침이 닿아 2차 탄핵 소추안 표결에서 드디어 가결이라는 결과를 얻어냈습니다. 당연한 일이었고, 2차 표결까지 올 일이 아니었습니다. 그런데도 우리에게는 아직 넘어야 할 산이 남아 있습니다.

오늘의 탄핵 소추 의결안은 국회에서 진행한 것으

로, 이 탄핵 의결이 정당한지를 헌법재판소에서 심판합니다. 헌법재판소의 재판관 9인 중 6인 이상의 인용이 있어야 윤석열의 탄핵이 결정되는 것입니다. 사법부에서 탄핵 심판을 기각시킨다면 윤석열의 탄핵은 무산되고 우리는 다시 탄핵 소추안의 의결부터 다시 시작해야 합니다.

아직 끝나지 않았습니다. 그러니 여러분, 내란범 윤석열을 심판하는 그때까지, 눈을 돌리지 말고 지켜봅시다.

나는 산 자로서, 앞서 나간 조상들을 마땅히 따를 것입니다.
대한민국의 민주주의를 위협하는 것들에 맞설 것이고, 그들에게서 피로 쓰인 민주주의를 지켜낼 것입니다.

    떨리는 목소리로 준비해 온 스피치를 한 자 한 자 천천히, 또박또박 읽어 내려간다. 사람들은 내가 말하는 한 문장 한 문장을 귀 기울여 듣는다. 우리가 지켜낸 것과 앞으로 지켜내야 할 것을 읽을 때는 환호를, 윤석열과 국민의힘을 비판하는 문장을 읽을 때는 동의의 야유를 뱉는다. 나는 탄핵 소추안은 가결되었으나 헌법재판소의 인용을 얻어내기까지 이것이 끝이 아님을 말하며, 끝까지 함께하자고 말하고 구호를 외쳤다.

> 내란 수괴 윤석열을 탄핵하라!
> 위법 계엄 윤석열을 체포하라!
> 내란 동조 국민의힘 해산하라!

내가 외친 구호를 사람들이 세 번씩 따라 외친다. 감사하다는 말을 남기고 사다리 단상에서 내려오는데 마음이 후들후들하다. 그제야 단상 건너편의 얼굴들이 제대로 보인다. 다 셀 수 없는 표정들. 사람들의 손에서 빛나고 있는 형형색색의 광원들. 사람들의 등 뒤로는 차로 가득한 신주쿠 대로와 초록색 돌출 간판으로 'JR新宿駅'라고 쓰인 신주쿠 역사의 커다란 건물이 보인다.

12월의 어느 토요일, 우리들은 각자의 삶을 뒤로 한 채 고국 아닌 타국의 거리에 모였다. 한국 바깥에서 삶을 그려 나가고 있는 이방인인 우리는 왜 이곳에 모여야 했을까? 어떤 이들은 우리를 보고 말한다. 한국에서 하지 왜 일본까지 와서 난리냐고. 그렇게 집회가 하고 싶으면 민폐 끼치지 말고 돌아가라고. 제 발로 일본에 온 주제에 친일 대통령 윤석열에게 왜 반대하냐고. 글쎄, 생각해 보면 그들의 말은 죄다 부질없는 논점 흐리기다. 우리가 모인 여기가 어디인지는 중요한 문제가 아니다. 모든 것이 연결된 시대를 살고 있는 이상 한국에서 일어난 계엄은 내 일이자 우리 모두의 일이다. 무엇보다도 나의 뿌리와 내가 사랑하는 것들이 모두 한국에 있다. 그 모든 것을 지키고 싶은 마음으로 우리는 여기에 모였다.

사람들이 하나 되어서 부르는 〈다시 만난 세계〉 속에서, 11일 전 욕조에서 접한 윤석열의 불법 계엄 선포 이후 지금까지의 시간이 머릿속에서 빠르게 재생된다. 욕조에 못 들어간 지 벌써 11일째다. 오늘은 뜨끈한 욕조에 몸을 담글 수 있을 것 같다.

민주 동덕에 봄은 온다

박수빈

동덕여대 비상대책위원회 집행위원장. 옳지 않은 일을 옳지 않다고, 시정하라고 외친다. 우리 목화는 밟힐지언정 꺾이지 않는다.

내 눈앞에 펼쳐진 수많은 깃발과 피켓들이 곧 희망이다.
함께하면 민주화를 쟁취할 수 있다는 그 역사를
꼭 이루고 싶다.

2024년 11월 6일에서 7일로 넘어가는 새벽, 동덕여자대학교(이하 동덕여대)의 학내 커뮤니티에서 수상쩍은 괴담이 들려오기 시작했다. 바로 동덕여대가 빠른 시일 내로 남녀공학 전환이 이루어진다는 이야기였다. 이에 학내 커뮤니티는 빠르게 불타오르기 시작했다.

그저 뜬소문으로 치부하기는 어려웠다. 이야기가 점화되면서 너도나도 "사실 우리 교수님도 은연중에 이런 이야기를 했다", "우리 학과도 얘기가 나온 적 있다"라는 증언이 쏟아졌다. 그때까지만 해도 우리는 설마 하는 마음으로, 이 모든 이야기가 단지 괴담으로 끝나길 바랐다.

11월 7일, 총학생회 '나란'이 본 사태와 관련한 입장문을 게시했다. 학우들의 우려가 사실이 되는 순간이었다. 공식적인 회의 안건으로 상정된 적은 없지만 아이디어 단계에서 논의하고 있었다고 대학 본부가 입장을 밝힌 것. 그야말로 청천벽력이었다. '여대'라는 공간은 여성에게 안전상의 신뢰를 줄 뿐만 아니라 여성 인권에 대해 주체적으로 고민하고, 목소리 낼 기회를 만들어 주는 공간이다. 그렇기에 여대를 선택해 입학한 학우들에게는 이 사태가 입학 사기와 다름이 없었다.

또 하나 당혹스러운 점은 총학생회조차 이 사실을 전혀 몰랐다는 것이었다. 그간 학교의 불통 행정과 학생을 교내 구성원으로 인정하지 않으려는 태도는 너무나 일상적이었는데……. 우리는 잠시 잊고 있었던 것이다. 대학 본부가 얼마나 비민주적인지, '이렇게까지 한다고?'의 그 '이렇게'를 담당하는지를 말이다.

그동안 차곡차곡 쌓아둔 불만은 이렇게 봇물 터지듯 한 번에 터져버렸다. 학우들은 그 즉시 개인이 할 수 있는 최대한의 행동을 하기 시작했다. 근조 화환으로 학교에 비판 메시지를 전달하는 것, 과잠을 깔아 우리의 정체성을 보이는 것, 포탈 민원 총공으로 행정을 마비시키는 것 등 여러 가지 방편을 모색했다.

이유 있는 정치 혐오

11월 11일, 학우들은 본관 점거를 결단했다. 참여 인원은 삽시간에 불어났고 학생들과 소통 없이 일방적으로 학교의 중대사를 결정한 것에 대한 규탄의 목소리도 커졌다. 그러나 학교는 여전히 일방적이었다. "아이디어 차원이었고 논의된 것이 없으니 철회도 할 수 없다"라는 주장을 내세웠다. 학교의 일방적 학사 행정을 익히 겪은 학우들로서는 그저 의견을 굽히지 않으려는 학교 측의 고집으로밖에 보이지 않았다.

이 정도로 큰 규모의 투쟁은 동덕여대의 투쟁 역사

에 있어 정말 오랜만이다. 그렇기에 학우들은 일정 부분 학교와 합의가 잘 이루어질 줄 알았다. 그러나 그 기대를 학교는 보란 듯 대차게 꺾어버렸다. 바로 학생들을 향한 피해보상 청구로 말이다. 그러나 24억에서 시작해 54억의 손해를 입었다는 터무니없는 주장은 위협조차 되지 않았다. 분노는 점점 커져 학생들을 학교로 모이게 했다.

결국 11월 20일, 이례적인 대규모의 학생 총회가 성사되었다. 민주화를 염원하는 학내 분위기가 있는지라, 2021년부터 매년 학생 총회를 개최해 왔지만 2,000명가량의 규모는 처음이었다. 재학생의 3분의 1가량이 참석한 것이다. 이로써 우리는 동덕여대 공학 전환 안건을 부결시켰고, 총장 직선제 안건을 가결함으로써 학내 민주화에 대한 총의를 내비쳤다.

하지만 이 모든 투쟁은 학교 본부의 입장문 몇 개로 인해 폭력과 비정상적 상황에 부닥쳤다. 총장은 학칙에 동덕 최고 의결 기구임이 명시된 학생총회를 전면으로 무시하며 "정상적인 절차로 보기 힘들다"라고 했으며 대화로서 문제를 해결해 나가고 싶다고 말했다. 학생들을 겁박하고 이해하려 들지 않으면서 허울만 좋게 글을 써서 학생들은 금세 언론의 먹잇감이 되었다. 학교가 학생을 고소 고발하면 그것은 폭도를 향한 정의 구현으로 프레이밍되었고, 동덕여대 학우들은 각종 언론과 유튜버의 먹잇감이 되었다. 우리 학우들은 여러 언론 기사의 댓글에서 폭도라고 불리며, 각종 인신공격을 당하고 있다. 2025년 3월, 우리는 여전히 얼굴을 가리고 민주 동덕을 외친다.

    동덕여대 투쟁을 지켜본 분이라면, 투쟁 과정에서 학생들이 정치적 논의를 회피했다는 것을 잘 알 것이다. 우리는 우리의 문제니까, 우리 스스로 해결해야 한다고 생각했다. 이는 오늘날 대학 사회 전반에 나타나는 경향이기도 하며, 특히 여성들이 주체적으로 참여한 투쟁에서 더욱 두드러진다. 투쟁 초기, 언론의 공격이 거세지며 한 번 외부와 차단되었고, 이 과정에서 정치권을 끌어들여 우리 일로 한탕 하려는 빌미를 주지 말자는 학내 여론이 거세졌다. 정치인들은 이 사태를 본인들의 잇속을 챙기는 데 이용할 것이니 경계하자고 말이다. 많은 학생들은 이 사안을 정치적으로 해석하거나 더 넓은 맥락에서 바라보는 것에 대해 거부감을 보였다. 하지만 이러한 정치적 거리두기는 오히려 우리의 요구를 더 효과적으로 전달할 기회를 놓치는 결과로 이어졌다. 특정 야당에서 동덕여대 사태를 여성 의제에 입각하여 도우려는 시도가 있었을 때 학생들은 엄청난 경계심을 보였다. 당 차원에서 내걸었던 동덕여대 관련 현수막을 학생들이 직접 철거해 달라고 요청할 정도였으니까.

    이러한 선택을 한 데에는 그만한 이유가 있다. 20 30 여성들은 자라면서 여성이 정치적 의사 표현을 했다고 생계에서 잘리고, 공개적으로 조롱받는 것을 무수히 보았다. 동시에 여성 의제가 선거 때 채택되고 흐지부지 사라지는 것도 여러 번 지켜봤다. 학생들은 너무나도 내몰려 있었기 때문에 외려 보수적인 입장을 취한 것이다. 학내 사태가 심각해지면서 동덕여대가 뜨거운 감자가 되고, 다양한 성향의 언론에서 우리를 주목하기 시작하고 난 뒤부터 정치 혐오가 더욱 심각해졌다. 이 과정에서 총학생회도 개별적 공격에 휘말렸다. 총학생회장이 핀이다, 총학은 예로부터 특정 정당 라인이다, 같은 근거 없는 소문이 무성했다. '핀'이라는 멸칭이 호명됨과 동시에 '핀혐'이 수면 위로 올라왔다. 이러한 혐오는 동덕여대 사건의 특이성이라기보다는, 그간 여성들이 전반적으로 인지하던 수준의 것이라고 생각한다. 젠더 갈라치기 담론에서 벗어나기 위해 애쓰는 여성들이 학교 총장의 말을 받아적는 언론과 극우 남성들이 신변을 위협하는 상황 속에서 해당 담론을 재생산하고 비호했던 정치 권력에 치를 떠는 것은 당연하지 않은가. 우리는 고립의 길을 선택했다.

      인류학자 김현경은 『사람, 장소, 환대』에서 공적인 공간에서의 배제는 사적인 공간에서의 억압과 연결되어 있다는 점을 강조했다. 일련의 사건을 거치면서 이 말에 공간에 대한 정의를 확대하고 싶었다. 사회에서 여성을 배제했던 역사는 그보다 더 국지적인 사회와 관계 속에서 여성이 억압받을 수 있음을 생생하게 증언한다. 김현경의 말처럼 "'사회적으로 죽어 있다'는 것이 자신을 위해 나서줄 제삼자를 갖지 못했음을 뜻한다면"[1], 우리는 살기 위해 사회적으로 죽었다. 우리와 연대하고 투쟁할 수 있는 제삼자를 상상하

---

1 김현경, 『사람, 장소, 환대』, 문학과지성사, 2015, p.77-78.

지 못했고, 믿고 싶어도 믿을 수 없었기 때문에.

학교와 사회의
먹잇감이 되길
거부한다

  학내 문제의 가장 큰 원인은 비민주적 소통에 있었다. 2017년, 대학 본부는 불통 행정을 인지하고 당시 총학생회에 학사제도협의체 신설을 약속했었다. 이 약속이 단지 말로 끝나지 않도록 이후 2년간의 투쟁이 더 있었고, 학교는 교학소통을 위해 '교학소통 ARETE'라는 이름의 학내 소통 기구를 설치했다. 2019년 총학생회 'DU ON'에서 철야 농성을 감행하며 얻어낸 성과였다. 해당 회의체의 목적은 '학생 관련된 주요 사항에 대한 논의 및 의견 수렴'이었다. 규칙에 따라 학교 본부에서는 총장 및 처장단이 성원으로 참여해야 하며, 학생 대표로는 총학생회장단 또는 총학생회 비상대책위원회 위원장단과 각 단과대 회장단이 성원으로 참여하기로 했다.

  그러나 2021년도 하반기, 당시 총학생회 비상대책위원회는 학교로부터 일방적인 교학소통 ARETE 개회 불가 통보를 받았다. 그런가 하면 2022년도에는 학생 대표인 총학생회에서 학교 대표인 총장에게 수차례 면담을 요청했으나 받아들여지지 않았다. 결국 2022년도에는 학생 대표단이 총장실 앞에서 하루 내내 농성을 한 끝에야 면담이 성사되었다. 무려 5년 만의 총장 면담이었다. 2023년도에는 학내에서 학우가 사망하는 비극적인 사고가 발생했다. 사고가 일어난 경사로는 학생들이 지속적으로 위험하다고 문제 제기를 해온 공간이었다. 그러나 학교 본부는 우리의 외침을 흘려들어 버렸고 안전해야 할 학교 안에서 학생이 목숨을 잃고 말았다.

학내 사태의 총책임자는 총장이다. 그러나 당시 총장은 단 한 줄의 사과문도 없었을뿐더러 학내에 학우들이 자체적으로 마련한 추모 공간마저 지우려고 했다. 이렇게까지 일방적으로 행동하는 대학 본부는 아마 없을 것이다. 이 사건으로 수많은 학우들이 학교에 등을 돌렸다. 더 이상 본부를 믿을 수 없었고 학교가 안전하다는 인식이 사라졌기 때문이다.

최근 몇 년 사이 이렇게 많은 일이 있었으니 2024년, 학우들이 학교를 믿을 수 있었을까? 학교는 남녀공학 전환 논의가 밀실에서 이루어진 것이 아니라고 주장했지만, 또 몰래 추진하고 있을지 아무도 모르는 상황이다. 학내 사태는 그렇게 커졌다. 이쯤 되면 총장과 처장단도 사태를 수습하려고 노력하고, 학생들과 소통하려는 의지를 보여야 했다. 그러나 총학생회와 처장단의 1차 면담부터 처장단은 약속한 시간을 지키지 않았고 성원 미참여 등 무책임한 모습을 보였다. 이를 규탄하기 위한 피케팅으로 본관 점거가 발생했다. 2차, 3차 면담이라고 크게 달라지지 않았다. 건설적인 논의는 이루어지지 않은 채 점거와 래커칠 등의 주동자를 색출하려는 논의뿐이었다. 3차 면담은 학교 측의 '메일 수신 오류'로 면담 시간을 바꿔야 했다.

학교는 우리가 왜 학교를 어지럽히면서 고함을 쳐야 했는지에는 단 한 번도 집중하지 않았다. 그저 이 모든 일을 누군가에게 덮어씌울 생각뿐이었다. 본관 점거가 길어지면서 학교와 학생의 감정의 골은 더욱 깊어졌다. 그러다 12월 3일, 대통령이 비상계엄을 선포하면서 학생들은 점거를 해제할 수밖에 없었다. 무엇보다 중요한 것은 학생들의 안전이었기 때문이다. 계엄 탓에 동덕여대 사태는 좀 더 정치적인 국면으로 접어들기 시작했다.

혼란한 상황이 가중되는 중에 총학생회의 임기가 끝나고 비상대책위원회가 임기를 넘겨받았다. 학내 사태는 학생 자치의 맥마저 위협하여, 12월 정선거 출마자가 없었으므로 총학생회 자리가 빈 상태로 비대위 체제에 돌입한 것이다. 나는 비대위 일원으로 임기를 시작한 뒤 학교가 학생들을 상대로 큰 법적 대응을 하고 있음을 파악했다. 본관 점거 금지, 재점거 금지, 노래 제창 금지, 구호 제창 금지 따위를 요청하는 반민주적인 가처분신청을 필두로 하여, 학교가 학생들을 경찰에 형사고소하기에 이르렀다. 그런가 하면 학교 자체적으로 학생들의 행위를 특정하여 징계를 내리려고 '학생활동지원회'를 재빠르게 만들어 출석을 요구하는 내용증명을 네 차례에 걸쳐 보냈다. 학생들이 수많은 명분으로 요구한 교학소통협의체는 신설되기까지 2년이 걸렸는데 말이다. 정말이지 학교가 학생을 내부 구성원으로 인정하지 않는다는 것을 다시 한번 뼈저리게 느낄 수 있었다.

대통령의 탄핵 소추안이 가결되고 대한민국이 무정부 상태에 돌입하자 보수 정당과 극우 세력은 다시 한번 동덕여대를 먹잇감 삼았다. 특히 개혁신당의 이준석 의원은 대선 출마를 위한 발판으로 동덕여대를 이용한 성별 갈라치기를 지속적으로 시도하고 있다. 우리 학우들을 상대로 토론회를 하자느니 너희들은 서부지법을 점거한 폭도와 다름없다느니 하는 말을 뻔뻔하게 게시했다.

지난 11월 13일에는 유튜버 '카광'이 우리 학교 앞을 수십 분간 배회하다 떠난 일이 있었으며, 당시 본관 점거를 하던 학우들은 두려움에 떨며 교문을 굳게 잠그고 그가 떠날 때까지 기다려야 했다. 유튜브 라이브에서 카광은 지속적으로 "동덕여대에 들어가는 곳이 어디냐", "개구멍이 있느냐" 등을 주제로 시청자들과 소통했는데, 이는 우리에게 실질적인 위협 그 자체였다. 11월 15일에는 신남성연대의 집회 공지가 업로드되었다. 무려 한 달 내내 우리 학교 정문 앞에 집회신고를 해두고 매주 오겠다는 내용이었다. 배인규 대표는 우리를 '폭도'라고 지칭했다. 래커 구매 영수증과 계좌를 확보했으니 폭도들의 신상을 특정해 경찰에 고발하겠다고 으름장을 놓았다. 고소 고발은 두렵지 않았지만 신남성연대라는 세력은 분명 위협이었다. 이런 숱한 상황에도 학교는 국회의원을 제지하고 폭력적인 유튜버들로부터 학생들을 보호하기는커녕 "본교가 젠더 갈등의 장이 되지 않았으면 좋겠다"라는 내용을 담은 입장문을 게시할 뿐이었다. 학교는 이 사건에 손쉽게 젠더 갈라치기 담론을 적용했다. 사회적 소수자를 제물로 삼는 우익화의 기제를 학교가 답습해 본교 학생들에게 휘두른 꼴이었다.

탈정치화된 개인에서
연대하는 시민으로

시시각각 다양한 곳에서 닥쳐오는 위협을 몸소 느끼며 우리는 '여대'라는 공간에 대해 다시 한번 생각하게 되었다. 그리고 우리를 고립에서 끌어 올려줄 연대가 필요함을 되새겼다. 바로 광장을 통해서 말이다. 여성이 정치적 주체로서 제대로 호명된 적 있었던가. 그 역사 때문에 우리는 누구보다 정치를 멀리했다. 그러나 12월 3일 이후 광장이 열리기 시작하면서 변할 수 있었다. 시민들이 동덕여대의 학내 민주화와 대한민국의 내란 종식을 한 흐름으로 놓고 봐주기 시작했다. 광장에 나간 시민이라면 동덕의 깃발을 한 번쯤 보셨을 거라 생각한다. 계엄 사태 이후 열린 광장에는 언제나 동덕의 깃발이 나부끼고 있었다. 불통으로 일갈하고 학생의 목소리를 짓밟는 학교나 소수자의 목소리를 외면하고 억압하는 사회는 본질적으로 같다. 학내 민주화를 위해 투쟁하는 학우들은 다시 계엄 사태의 책임을 묻기 위해 광장으로 나갔다.

"무슨 광장이냐, 지금 학교를 지켜야 할 판국에!", "우리 사태부터 해결해야 한다!"라는 학내 여론이 점차 광장에 다녀온 학우들의 인증 글이 이어지면서 우호적으로 바뀌기 시작했다. "동덕여대생임을 밝혔는데 엄청나게 응원받았다", "남성들이 우리를 응원하더라" 같은 문장들이 학내 게시판에서 많은 추천을 받고 그날의 주요 게시글로 올라갔다.

그동안 우리는 우리의 문제가 정치적 사안이 되는 것을 무척 경계했다. 두려움이 클 수밖에 없었다. 연대를 연대로 받아들이지 못했다. 그렇지만 지금 동덕여대만큼 복잡한 함의와 의제가 담겨 있으며 정치적인 사안은 없었다. 우리 학교의 문제는 여성 의제는 물론, 한국 사립대학에 뿌리 깊은 사학 비리 및 족벌 경영 타파의 문제도 담고 있었으니까. 한편 고등교육 전반의 구조적 문제와 교학 소통 문제 역시 마찬가지였다. 모든 사람이 우리 이야기를 이용하려고만 하지는 않는다는 것을, 각자 관심 있는 시선에서 문제를 바라보긴 하지만 결국은 도와주고 싶어 한다는 것을 깨달았다.

그동안 꽤 많은 학외 시위가 열렸다. 그러나 지난 2월 9일에 열린 '민주동덕에 봄은 오는가'라는 시위는 달랐다. 모든 깃발을 허용한 동덕의 첫 학외 집회였기 때문이다. 많은 시민들도 이 점을 특별하게 봐주신 것 같았다. 주최측 추산 8,000명이라는 엄청난 숫자의 시민분들이 와주신 것을 보면 말이다. 시민들은 수많은 깃발을 들고나와 동덕을 위해 휘두르셨다. 많은 소수 정당들도 우리를 응원하고 연대한다고 말하고 있었다.

비상대책위원회 역시 해당 집회에 연대 발언으로 참여하여 수많은 깃발을 보았고 수많은 발언을 들었다. 우리는 아직 연대의 감각을 배우는 중이고, 연대를 선별해야 한다는 논리도 잔재하나, "내가 끔찍한 일을 겪을 때 목소리를 내줄 제삼자"[2]의 존재를 눈으로 확인한 시간이었다.

한 사람이 열 발짝을 걷는 것보다, 열 사람이 한 발짝을 걷는 연대의 형태가 더 중요한 것일지도 모른다. 그날 이후 동덕의 이름을 걸고 광장에 나가는 것이 더 이상 두렵지 않다. 지금은 광장을 믿고 시민들을 믿으며 나와 학우들을 믿는다. 동덕을 응원하는 광장이 이렇게 넓고 크다는 것을 안 순간부터 우리의 투쟁은 들불처럼 연대의 힘과 합쳐졌기에.

나는 정말로 이 연대를 믿는다. 내 눈앞에 펼쳐진 수많은 깃발과 피켓들이 곧 희망이다. 함께하면 민주화를 쟁취할 수 있다는 그 역사를 꼭 이루고 싶다. 광장의 불빛과 목소리를 내 안에 차곡차곡 모아 뚜벅뚜벅 투쟁으로 나아갈 것이다.

동덕여대는 광장에 계신 모든 시민을 동지로 호명합니다.

[2] 김현경, 『사람, 장소, 환대』, 문학과지성사, 2015, p.77-78.

연대의 힘으로
가득 찬 남태령

김후주

충남 아산에서 유기농 배를 재배하는 청년여성농업인. K-장녀로서
가업을 물려받았다. 대학에서 철학을 전공했고 스피노자를 연구해
석사학위를 받았다. 농업계의 부조리를 참지 못하고 목소리를 내다가
이번 12.3 내란 정국을 맞이해 현장에 뛰어들었다. 트위터에서 시민들에게
전봉준투쟁단의 소식을 알리고 전달하는 활동을 했다. 지금은 말벌시민이
되어 현장을 돌아다니며 남태령 정신을 보존하기 위해 아카이빙, 후속 연구를
병행하고 있다.

인류가 왜 불편하고 시끄럽고 복잡한 민주주의를
그토록 희구하는지 우리는 광장에서 오래된 답을 찾는다.
…
민주주의는 딱 우리만큼 불완전하고
딱 우리만큼 완전하다.

거리에서 종종 발생하는 크고 작은 규모의 시위와 집회에 참여하며 사람들을 구경하고 이야기를 듣는 것은 나에겐 흥미로운 일이다. 그중에도 수만 명이 넘는 대규모 집회에 참여하는 경험은 특별하다. 한눈에 다 들어오지 않을 정도로 많은 사람들이 광장에 모여 분노와 희망을 담은 외침을 한목소리로 외칠 때, 그 거대한 외침이 나를 향한 것이 아님에도 불구하고 강렬한 두려움을 느끼면서, 동시에 엄청난 정치적 고양감을 오감으로 느끼면서 민주주의란 무엇인가 곱씹고 상기하기 때문이다. 머릿속을 떠다니던 모호했던 개념들이 이렇게나 내 눈앞에서 현현한 광경을 본다는 것은, 되는 대로 흘러가던 삶의 방향을 완전히 바꿔놓기도 한다. 그 현장에서 나는 흥미롭기도 하고 슬프기도 하고 종종 절망하고 불안해하기도 한다. 회의감이 들 때도 있고 화가 나서 미쳐버릴 것 같기도 하다. 그러다 아주 깊은 사유에 몰입하기도 하고 새로운 개념을 받아들이기도 한다.

이번 국면은 특히 감정적인 동요와 직접 충격이 컸다. 소위 '비상계엄'이라는, 도무지 현실에서 다시 만날 것이라 예상조차 하지 못했던 초유의 사태 앞에 민주주의라는 것이 얼마나 연약하고 쉽게 파괴될 수 있는지, 장갑차와 군인들이 마음먹는다면 얼마나 편리하게 사람들을 감금하고 고문하고 살해할 수 있는지 알았기에 전율했다. 기술이 발달한 바람에 그 스펙터클을 실시간 영상으로 지켜볼 수 있었다는 점도 이 날카로운 감각을 뇌리에 새기게 된 이유 중 하나다. 비상계엄이라는 이름의 내란, 친위 쿠데타를 뉴스 속보로 접하고 발을 동동 구르며 밤을 지새운 경험은 도무지 말로 다 설명할 수 없는 거대한 충격이었다. 아마도 아주 오랜 시간이 흐르고 나서도 내가 그 뉴스를 봤던 2024년 12월 3일 밤이 어떤 풍경이었는지 떠올릴 수 있을 것이다. 세월호 참사 속보를 처음 봤던 순간, 박근혜의 대통령 파면이 선고되던 순간의 풍경이 여전히 기억나는 것처럼.

국회 앞에서 열린 첫 탄핵안 표결의 순간에 아니나 다를까 국민의힘 의원들이 전원 퇴장한 순간. 분노와 흥분으로 구호를 연호하고 노래를 부르던 수십만 명이 모여 있던 광장이 한순간 물을 끼얹은 듯 싸늘하게 식어 심장소리가 들릴 만큼 무서운 침묵이 흘렀다. 때론 침묵이 함성보다 더 강력한 메시지가 될 수 있다는 것을 알았다. 역시나 이번 싸움이 정말 쉽지 않겠구나, 올겨울은 거리에서 보내게 생겼구나, 라고 한탄하기도 했다. 우리가 선택할 수 있는 유일한, 민주주의라는 정치체제의 근본적인 한계와 문제점에 대한 회의감이 다시 고개를 들었다. 하지만 결국 민주주의에 대한 믿음을 버리지 않기로 다짐한 곳도 광장이었다.

달랐던 2024년 '윤석열 퇴진 집회'

박근혜 퇴진 집회와 비교해 보면, 이번 윤석열 퇴진 집회는 양상과 방향성이 확연히 달라졌다고 느낀다. 이전 광장의 구호가 '박근혜'라는 부패하고 무능한 권력자의 퇴진에 집중되었고 '촛불 시민'이라는 이름 아래 모여 있긴 하지만 여기저기 분절된 느낌이었다면, 이번 비상계엄 이후 집회는 대통령 퇴진에 대한 강력한 요구와 함께 더 다양한 사회적 개혁 요구를 반영하고 있으며, 시민 연대의 결속이 더 단단하다. 노동조합을 포함한 기존의 시민운동 단체들이 '순수한 일반 시민'이 아니기 때문에 광장에서 깃발을 내려야 했고 머리띠와 조끼를 벗을 것을 강요당하고, 여성들의 발언이 꼴페미적이라며 조롱당하고 입막음 당했던, 온갖 혐오 발언과 비속어가 난무하여 주변의 이웃들을 소외시켰던 과거와 달랐기 때문이다. 서로에 대한 존중과 돌봄, 이해와 수용, 대화와 학습이 활발했으며, 그 정동과 역동 역시 아주 강렬하고, 강렬하다 못해 양적으로도 범람하며 주변부로 들불처럼 퍼져나갔다. 이 사회의 구성원으로서 동료 시민들 간의 자발적 '연대'라는, 박제되어 있었던 듯한 가치가 되살아나고 있다고 느꼈다.

특히 응원봉 부대로 상징되는 '2030 여성'이라는 주도적인 세대, 성별 층위가 뚜렷하게 나타나며 그동안 소외되었던 주체들의 목소리가 전면으로 드러나기 시작했다. 특히 트위터(현 엑스)는 이번 탄핵 정국에서 '전봉준투쟁단'의 소식을 알리는 역할을 하면서 정치적인 국면에서 생각보다 큰 파급력을 보여주었다. 트위터를 통해 광장과 연대에 미친 영향을 낱낱이 추적할 수 있다. 소위 '헤비 트위터리안'의 정체성이 있는 나름의 전문성으로 분석하자면 팬덤 문화의 영향이 지대했다. 팬덤 문화와 트위터는 그 공생관계가 매우 긴밀하기 때문에 소위 '덕질'로 불리는 팬덤 활동을 하기 위해서는 트위터를 이용하지 않을 수 없다. 최신의 정보와 고품질의 콘텐츠 생산 및 유통 흐름의 최상류에 트위터가 있기 때문이다. 트위터의 짧은 텍스트 중심인 '타임라인' 구조 특유의 '리얼타임 플로우'와 '리트윗'이라는 매우 간편한 정보 확대 재생산 기능이 이번 정국에서 진가를 발휘한 것이다. 이런 폭발적이고 파괴적인 정보 확산 능력으로 말미암아 우발적인 광장에서 기민한 대처와 행동, 피드백이 실질적인 참여 확대로 작동하는 것이 가능했다. 이번 광장에서 청년 여성들은 그 어떤 집단보다 더 빠르고 효율적이고 강력하게 "헤쳐, 모여!"를 반복하며 광장을 조직해 나갔다.

     2024년 12월 초, 윤석열 퇴진 집회 현장을 찍은 사진에 "해찬아 살기 좋은 나라로 만들어 줄게"라는 코멘트를 붙인 트위터 밈이 크게 바이럴되었다. 이 트윗이 최초는 아니었겠지만, 이를 시작으로 팬덤 문화를 향유하는 청년 여성들의 광장 진출이 SNS 인증과 밈의 형식으로 유행하기 시작했다고 개인적으로는 판단한다. 응원봉이나 케이팝으로 청년 여성들의 광장 참여가 본격적으로 이루어졌고, 계엄 이후 폭발적으로 쏟아져 나온 광장의 청년 여성들의 트위터를 통한 정보 확산, 여기에 자극받은 시민 연대가 유입되는 선순환 구조가 완성되었다. 트위터에서 이미지를 생산하고 나르지 않았다면, 메이저 언론에서 집회 현장을 비춰주지 않는 이 상황에서 집회의 화력이 유지될 수 없었을 것이다.

 팬덤 활동을 하던 집회 참여자들의 숙달된 노하우는 집회 현장에서도 진가를 발휘했다. 현장에서 단순한 참가자로 남지 않고 자발적으로 기획자나 운영자, 자원봉사 활동가가 되면서 집회 주최 측에 적극적으로 의견을 내고 참여한 것이다. 자기가 할 수 있는 일을 찾아서 도맡았을 뿐 아니라 이른바 'K 문화 활동'을 이어갔다. 케이팝, 새로운 구호, 응원봉 꾸미기, 깃발, 피켓, 퍼레이드 등의 창작과 선결제, 난방 버스, 푸드 트럭, 근조 화환, 장례식 등 다양한 형식의 의사 표현, 후원과 연대 활동이 광장의 표현을 확장하고 더욱 강력하게 만들어 냈다. 매일매일 놀라운 광경을 우리에게 보여주었다.

 더 나아가 이들은 부절된 광장의 집회 참여자들을 각자의 이름으로 묶어주는 역할도 했다. 처음 보는 사람이지만 같은 응원봉을 들고 비슷한 결의 깃발을 든 사람들끼리 눈인사를 하고 응원봉 깃발 아래 모여 인증 사진을 찍고 간식과 핫팩을 나누고 같이 구호를 외치며 연말 모임을 광장에서 열었다. 이들은 사랑하는 대상을 위해 쏟아낼 에너지가 넘치고 새로운 것을 받아들이는 능력도 뛰어나며, 조직적 야외 활동에 능하여 시위에 최적화한 요소들을 이미 갖추고 있었다. 팬덤 문화 이외에도 페미니스트 활동가, 여성 당사자 등의 누적된 집회 시위 경험, 여가부 폐지 공약 같은 혐오 정치로 당선된 윤석열에 대한 분노와 불만 누적, 늘 현장에 있었지만 비가시화되고 소외되거나, 상징적 이미지로만 소비되어 온 여성들의 단호한 인정 요구 등 복합적인 요소들이 작동한 결과, 여성들은 이번 광장의 주인공이 되었다.

혐오의 언어가 없는
광장으로

나라를 구하러 뛰쳐나온 청년 여성들이 이번에 가장 크게 공을 세운 지점 중 하나는 '혐오와 배제 없는 평등한 광장'을 만들어 냈다는 것이다. 앞서 언급한 것처럼 과거의 현장과 이번 현장은 아주 달랐다. 시위 초기만 해도 무대 위아래에서 여성혐오, 장애 혐오, 지역 혐오, 비인간 동물을 비하의 의미로 비유한 표현, 비속어 등의 문제적인 발언이 서슴없이 나왔는데, 이 점에 불편을 느낀 시민들(특히 여성, 장애인, 청소년, 성소수자, 약자들)이 많았다. 이는 집회의 규모를 키울 수 없고 구성원들이 점점 탈락하게 되는 결과를 낳는다. 나 역시 박근혜 퇴진 집회 때 크게 느꼈던 점이다. 여성 혐오적 구호를 외치는 현장에서 내 목소리를 온전히 낼 수 없다는 사실, 어떤 벽을 사이에 두고 철저히 배제되었다는 감각 말이다. 이 현장이 내 정신을 갉아먹고 있는게 아닐까 생각할 정도로 박탈감은 심각했다.

  10년 전보다 훨씬 덜긴 했지만 여전히 그 잔재가 있었다. 비상계엄 뒤 첫 집회가 열린 광장에서 페미니스트 활동가의 발언이 나오자 즉각적으로 야유가 터져 나왔다고 한다. 내가 속해 있던 구역은 여성들이 모여 있어 잘 들리지 않았지만 분명 그런 습성이 여전히 존재했다. 그러나 일주일 뒤 두 번째 광장의 무대에서 모두를 위한 규칙이 선포되었다. 다양성이 존중되고 혐오와 배제 없는 평등하고 안전한 민주적인 광장을 만들겠다는 시민들의 자발적인 자치 규약이 적용되어 지금까지도 잘 작동되고 있다. 그 규약이 선포되자마자 생각보다 큰 저항이 없었고, 오히려 수많은 군중들이 환호하거나 이해하고 받아들였다는 점이 고무적이었다. 목소리가 큰 사람들이 주로 혐오를 표현하다 보니 과대표되어 왔지만, 그것을 조용히 감내하던 민주 시민들이 더 큰 집단이었던 것이 증명되었다. 물론 현장의 모든 곳에서 모든 혐오와 차별, 동료 시민을 향한 공격이 완전히 일소되었다고 할 순 없지만 차별과 혐오를 기반으로 한, '배제를 배제하겠다'라는 공동의 강령 아래 그것의 영토를 치워버렸다.

  이제 혐오의 언어는 공론장에 오를 수 없고 발언권을 얻을 수 없다. 실제로 주최 측에서 여성혐오 발언을 하려는 기미가 보이자 바로 마이크를 빼앗아 발언권을 박탈하기도 했다. 아마 이 변화는 앞으로의 시위 현장에서도 영향력을 발휘할 것이다. 혐오 발언, 차별 발언 없이도 강력하게 싸울 수 있다는, 어쩌면 당연한 사실을 모두 함께 체감했다. 이 덕분에 아름답고 강력한 시민들의 다채로운 자유 발언이 집회마다 이슈가 되고 많은 사람들을 감화시켜, 어떤 면에서는 민주주의 시민을 양성하는 '재교육의 장소' 역할을 하는 것이다.

새로운 것만 있는 것도 아니다. 소위 '기성 운동권'이라 불린 조직과 단체도 축적된 경험과 역사를 발판으로 노련미를 발휘해 전방위로 활동했다. 새로운 세대의 등장을 기쁘게 맞았다. 이들을 전폭적으로 지원해 주는 방식으로 연대의 고리를 더 단단하게 채웠다. 처음 여의도 집회에 참여했을 때 즉각적으로 느낀 특이점은 본 집회 전 여기저기 열린 사전 집회에서부터 마이크를 잡은 사회자가 모두 여성이라는 점, 특히 박민주 씨가 진행하는 본 집회는 매우 젊은 감각으로 마치 무한 코인 노래방을 제공하는 것처럼 운영되었는데, 이 점이 오히려 기존 집회 주최 측의 약간은 과한 배려처럼 느껴지기까지 했다. 새롭게 등장한 응원봉 동지들이 광장을 채워주었으니 우리는 이 동지들을 위한 새로운 집회를 만들어야 한다는 일종의 강박 같은 것이 느껴질 지경이였으니까. 기존의 방식을 거의 버리다시피 한, 180도 변한 현장의 모습을 바라보며 복잡한 심경을 느꼈다. 전처럼 조금 더 비장하기도 하고 분노를 그대로 표현하기도 하고 민중가요를 부르기도 했으면 좋을 텐데, 라는 생각을 했다. 지금은 균형을 이루어 〈임을 위한 행진곡〉과 〈다시 만난 세계〉가 골고루 분배되어 들려오지만 초반엔 정말로 케이팝 위주의 진행이었다.

여의도 집회 이후로도 전봉준투쟁단과 전국여성농민회총연합의 '남태령 대첩'과 혐오와 차별 속에 주류사회에서 배제되어 온 여성, 성소수자, 청소년, 노인, 도시빈민에 대한 샤라웃(shout out), 민주노총의 "길을 열겠습니다", 전국장애인차별철폐연대의 "또 누굴 위해 싸울까요? 가르쳐주십시오, 배우겠습니다" 그리고 이에 호응하는 응원봉과 깃발을 든 청년들로 구성된 말벌시민 동지들의 활약이 경색되어 있던 시민사회를 조금씩 바꿔나가고 있다. 당장 며칠 전만 해도 단 한 톨의 접점도 없이 도무지 이어질 것 같지 않았던 두 세대가 <다시 만난 세계>로 거듭난 것이다. 이 절묘한 균형은 순간순간 위태로워 보이기도 했지만, 분열과 고립의 위기 상황을 타개해 나가며 분명히 지속되고 있다. 광장의 청년들이 민중가요와 투쟁의 방식을 빠르게 학습하고 변화하는 만큼 기성 조직들도 변화에 발맞춰 급격한 쇄신의 과정을 겪고 있는 것처럼 보인다. 어느 정도는 느슨한 거리감을 유지하기도 하고, 어떤 때는 거의 '난입'이라고 표현할 수 있을 정도로 경계 없이 동기화되며 밀착되는 모습을 보이기도 한다. 이런 동기화는 그동안 개인이 느꼈던 고립감과 무력감에 저항하는 심리가 발동해 드러났다고 생각한다. 이렇게 교차하고 중첩되는 연결고리들이 광장의 지속가능성과 위력을 담보하고 있으며, 새로운 담론을 만들어 낼 수 있는 희망의 토양이 되고 있다.

남태령에서의 승리,
농민과 비농민이 함께

2024년 12월 21일 오후 12시 30분. 과천에서 서울 방향으로 올라가는 남태령 도로. 경찰기동대의 폭력 진압으로 트랙터 유리문이 산산조각이 나서 아스팔트 위에 흩뿌려졌다. 강제로 끌어내려져 내동댕이쳐진 어르신을 보고 이에 항의하며 몸싸움하던 농민분들까지 폭행당했다. 텔레그램으로 그 장면을 보니 머리가 쭈뼛 서면서 분노와 함께 경각심이 다시 살아났다. 그 장면이 온라인에 게시되자 나와 같은 감각을 느낀 시민들이 남태령으로 곧장 달려가기 시작했다. 남태령은 우발적인, 기획되지 않은, 게릴라성의, 자연 발생적인 광장이었다. 온라인에서의 소식 전달이 계기가 되었을 수는 있지만 시민들이 현장에 오게 된 마음가짐, 현장을 대하는 태도는 기존에 있었던 집회와 사뭇 달랐다.

남태령은 평화로운 집회, 시위라기보다는 비상계엄, 재난, 전쟁 같은 유사시에 더 가까웠다. 12.3 불법 계엄 당시 바로 국회 앞에 달려간 시민들, 장갑차를 맨몸으로 막아서고 정신 차리라며 계엄군들의 뺨을 때리고 국회 담을 넘어가 국회를 사수하고 민주주의의 붕괴를 온몸으로 막

경찰과 트랙터의 대치 상황(2024.12.21.)

아낸 사람들. 자신의 목숨, 사랑하는 것들, 삶에 주어진 모든 것을 내던지고 불의에 맞서 싸운 사람들에 대한 부채감과 죄책감, 책임감, 분노, 용기, 정의감, 양심, 시민의식이 깨어났다. 이번엔 정말 내가 가야만 한다. 이번에도 안 가면 또 후회하게 될 것 같다. 민주시민으로서의 도리를 다해야 한다. 남태령에 온 시민들은 그곳이 실제로 위험한 상황인 것을 알았다. 아니, 그곳이 위험하니까 두렵지만 농민들을, 그리고 끝내는 나를 지키기 위해 그곳에 본능적으로 무조건적으로 뛰어들었다. 민주주의는 취약하고 결국 내 몸으로 직접 지켜내야 한다는 준엄한 명제 아래 남태령에 달려온 모든 사람들은 각자 자신만의 심정과 서사가 있었을 것이다.

그중 20대 초중반 여성들의 용기가 인상 깊었다. 농민 대열과 대치하고 있던 경찰들에게 호통치고 대결하고 우리가 뭘 잘못했는데 연행하려고 하느냐 되물었다. 경찰은 우리를 지켜줘야 하는 사람이지 시위를 막으라고 있는 사람들이 아니다, 라고 당당히 주장했다. 원론적이고 투철한 시민의식을 장착하고 적극적으로 행동했다. 경찰 차벽과 트랙터 사이에, 그 누구보다 앞장선 맨 앞줄에 자기가 소중하게 생각하는 것을 챙겨와 앉아 있었다. 응원봉, 인형, 책…… 그리고 끊임없이 주변에 이 소식을 알리고 기록했다.

그런 그들을 바라보는 전봉준투쟁단 어르신들은 계속 우셨다. 울다가 또 웃었다. 그리고 내내 기분이 좋아 보이셨다. 구름처럼 몰려든 시민들이 어리둥절하고 경이로웠으니까. 어두워지고 나서 형형색색으로 반짝이는 이 광장은 기적이고 선물인 것이다. 40년이 넘는 투쟁 기간 동안 처음 받아본 시민들의 열성 가득한 연대에 갸우뚱했지만 진심으로 기뻐하고 감격하셨다. 도시에 사는 청년 여성들, 수많은 사람들이 달려와 함께 걱정해 주고 우리를 지켜준다. 그러니 오래 거리에 선 우리가 저 젊은 사람들을 지켜야 한다는 사명감이 생긴 거다. 전봉준투쟁단은 늘 사용하던 마이크 하나, 앰프 한 통에 트랙터 로더를 꼬마전구로 꾸며서 폴짝 뛰어오를 수 있을 만한 간이 무대를 만들었다. 그 아담한 무대에서 서로가 서로의 간절한 이야기를 들어줄 수 있었다. 응원봉이 얼마나 밝은지 알게 되고 〈다시 만난 세계〉를 배우고, 양곡법 개정안을 알려주고 동지라는 이름을 지어준다. 처음엔 사람들이 오더니 곧이어 뜨거운 음식들과 절실한 물건들과 난방을 켠 버스들이 오기 시작했다. 보조배터리를 가득 담은 가방도 도착했다. 나는 이 모든 과정을 트위터로 미리 알고 있었기에 예정된 일처럼 보였던 면이 있지만, 그 현장을 그저 겪어 온 전봉준투쟁단 어르신들이 바라본 남태령은 말 그대로 '기적' 그 자체였다. 그분들은 순수하게 선물처럼 다가오는 기적을 감사히, 소중히 수확했다. 어르신들의 연신 놀란 표정, 천군만마를 얻은 것 같다 소리치시던 모습, 감동해 울고 웃는 면면이 아직도 생생하다.

　　우발적인 현장이 갖는 진정성의 위력이 자유발언이라는 형식으로 드러났고, 상호작용이 일어난 공론장에서의 경험은 시민들 사이에 놓인 벽을 허물어 버렸다. 남태령에서는 내 눈앞에 있는 청자의 눈동자, 표정, 감정을 온몸으로 느끼며 이야기할 수 있었다. 분량이나 주제, 표현의 제한도 없었다. 모두가 그 사람이 스스로 내려올 때까지 그가 하는 말을 오롯이 들어주었다. 위태롭고 아슬아슬할 때도 있었지만 대부분 따듯한 마음을 주고받는 포근함, 상대의 이야기를 귀담아들으려는 성실함이 있었다. 시민들은 발언을 하기 위해 무대 뒤에 줄을 서서 여섯 시간 넘게 대기했다. 드높은 무대에 올라 엄청난 출력의 스피커를 통해 수만명 앞에서 연설하는 것도 대단한 경험이지만, 남태령의 자유발언대는 다른 자유발언대와 완전히 달랐다. 온기가 있었다. 살을 찢는 것 같은 추위 속에서 그 온기는 많은 사람들의 생명을 살려냈다.

  페미니스트, 성소수자, 전세 사기 피해자, 유가족, 이주민, 노동자, 지방민, 청소년, 빈민, 장애인 등 사회에서

남태령의 밤(2024.12.22. 새벽 2시)

소수자로 분류되는 약자들의 자세한 자기소개가 규칙처럼 굳어졌다. 이 도입부는 각자의 삶에서 써내려 온 고유한 역사 속에서 더 나은 사회를 꿈꾸는 간절한 염원을 외칠 수 있는 장소로 남태령을 재구성해 냈다. 용기 있는 고백이었다. 이런 내가, 이곳 남태령에 한마음 한뜻으로 모여 있는 당신들에게 저 경찰의 차벽을 넘어 내란 세력을 퇴진시키고 나면 같이 더불어 잘 사는 세상, 다시는 이런 비극을 반복하지 않는 나라를 만들어 볼 수 있게 서로를 증거하고, 기억하자고 소리치는 시간이었다. 자신을 남성, 도시민, 중산층, 경상도 출신, 가부장, 기성세대 등 소위 기득권이라고 규정한 사람들도 이 규칙을 따르며 소수자에 대한 존중을 보여주었다. 그리고 곧 자기반성을 시작했고 자신이 가진 편견이나 무지가 있었다면 그것 역시 고백했다. 그러면서도 무조건적인 연대가 가능함을, 자신의 안위보다는 부조리에 맞서 약자와 연대하며 민주주의를 지켜내자는 다짐을 되새겼다.

  그렇게 노래하고 춤추고 서로의 이야기를 듣다 보니 어느새 아침 해가 떠오르고 있었다. 어스름한데도 햇볕이 비춰오니 살을 에던 추위가 조금은 더 견딜 만했다. 해가 떠오르면서 우리를 둘러싼 관악산 줄기와 우면산 끝자락의 깎아지른 큰 바위가 태양볕을 받아 붉게 빛나며 모습을 드러냈다. 병풍처럼 우리를 내려다보는 것 같았다. 산맥의 모습이 원래 보던 것보다 훨씬 더 커 보였다. 아침을 맞이하며 우리는 자리에서 벌떡 일어나 〈여성 농민가〉를 불렀고, 〈바위처럼〉에 맞춰 춤을 추었다. 아침엔 모두 활짝 웃었다. 어쩐지 정말로 이길 수 있을 것 같았다. 트랙터가 저 차벽을 뛰어넘어 행진할 수 있을 것 같았다. 끝내 행진하지 못하게 되더라도 우리가 진 것이 아니겠다는 생각도 들었다.

　　　　점심시간이 좀 지나니 남태령 길 왕복 8차선을 빽빽하게 가득 메운 시민 대오의 끝을 선봉에서는 볼 수 없을 정도였다. 그리고 2024년 12월 22일 오후 4시 40분. 멈춰 있던 트랙터가 10중의 경찰 차벽을 열어내고 사당역까지 행진을 재개했다. 모두가 펄쩍펄쩍 뛰며 승리의 함성을 외쳤다. 28시간의 목숨을 건 농성이 끝나고 우리는 드디어 길 위를 트랙터와 함께 걸어갔다. 행진이 마무리될 때쯤, 전봉준투쟁단 선생님이 해주신 말씀이 아직도 귓가에 들리는 것 같다. "드디어 우리가 이겼구나, 정말. 37년 만의 승리다. 미안하고 고맙다. 후주야, 이 승리의 장면과 감격이 네가 평생 운동할 원동력이 될 거다. 이 순간을 눈에 잘 담아라. 잘 보고 잘 기억하고 간직해라."

나,
우리의 일부로서의
농민을 만나다

앞에서 '헤비 트위터리안'이라고 자기소개를 했듯, 나는 내란 정국 내내 트위터에서 '전봉준투쟁단'의 투쟁 소식을 전달하는 스피커 역할을 했다. 남태령 대첩 이후 쏟아지는 원고 청탁과 인터뷰, 발언, 연대 요청에 정신을 못 차리면서 깨달았다. 남태령은 그냥 남태령이 아니라는 것, 너무나 많은 사람이 그 이름을 특별하게 생각한다는 것, 그 세 글자 안에 무궁무진한 의미를 품고 있다는 것. 그 뒤로 이 모든 것이 어떻게 가능했는지 사회에 어떤 영향을 미쳤는지, '남태령 대첩'의 대대적인 승리 이후 확연히 달라진 국면에 대해서도 사유하고 아카이빙하고, 글을 쓰고 연구하며 사람들과 지속적으로 소통하고 있다. 인식적인 면뿐만 아니라 '나'라는 사람의 개인사적인 측면에서도 결코 잊지 못할 사건으로 남을 엄청난 경험이다. 단순한 느낌이 아니라 '남태령 대첩'이라는 현장이 이번 탄핵 정국에서 가지는 의미와 영향력이 꽤 큰 것을 여러 경로로 확인할 수 있었다.

농민들은 늘 서러운 일이 많다. 상황이 점점 안 좋아지는데 세상은 농업, 농촌, 농민의 일에는 도통 관심이 없다. 누구든 매일 뭔가를 먹고, 입고, 쓰고 살면서도 농산물과 자재들을 생산하는 땅과 생명들, 그리고 농부들과 그들의 노동은 비가시화되어 있다. 현장에 전혀 부합하지 않는 구시대적 농업 정책을 비판하고 한국 농업이 얼마나 큰 위험에 처했는지 말하고 다니기 시작했다. 청년 여성 농업인으로서 유기농을 고수하는 과수원을 운영하는 사람으로서 문제를 제기할 지점은 정말 많았지만 들어줄 사람이나 정치권, 언론 매체는 많지 않았다. 소외의 가장 큰 원인은 농촌 인구의 투표 성향이 대부분 지역에 좌우되는 콘크리트이기 때문에 정치권에서 이 집단을 상수로 놓고 신경 쓰지 않기 때문일 것이다. 전략을 바꿔야 한다고 생각했다. 농업 농촌의 절멸 위기는 단순히 농민들만의 문제가 아니라 국가의 존폐 위기를 논하는 거대 담론이고 시민들의 생존권을 좌우하는 재앙이 되는 문제다. 그러니 비농민들에게 더 많이 알리는 것이 중요하겠다 싶었다. 정치인들이 정말 신경 쓰고 눈치 보는 사람들에게 농업의 위기를 알리고 지지층을 만드는 것, 당장 내가 할 수 있는 일로써 개인 트위터 계정에서 기회가 되는 대로 농업에 관련된 이야기를 하기 시작했다.

그 와중에 다행인 것은 비농민 도시 거주 청년들 중에서도 역시나 '여성'들이 꽤 높은 비율로 농업과 관련한 먹거리 이슈에 민감하고 관심이 많다는 점이다. 한동안 신드롬을 일으켰던 영화 〈리틀 포레스트〉의 주인공이 20대 여성인 것은 우연이 아니다. 비건을 포함한 채식주의 실천, 친환경 농산물, 협동조합 시스템, 공정무역과 로컬푸드, 꾸러미를 선호하는 대안적 구매자로서의 정체성, 퍼머 컬처라거나 도시농업, 농촌의 무형적 가치, 종자주권, 식량주권 수호 등 농업과 관련한 진보적 가치에 공감과 당사자성 등을 인식하고 '관계 인구'로서 활동하고 있는 경우가 많았다. 농사는 아무나 지을 수 있고, 농촌은 도시를 위해 응당 희생해야 하는 존재로 생각하는 기성세대와는 달리 새로운 인식을 가진 세대가 등장한 것이다. 이들은 애초에 농업과 농촌을 대하는 태도나 의견의 질이 완전히 다르다. 관심도도 더 높다. 햄버거 가게에 재료가 없어서 양상추와 토마토가 빠진 이유, 감자튀김을 더 이상 먹지 못한 이유, 올해 유난히 과일이 비싼 이유, 양곡법 개정안이 필요한 이유를 쉬운 말로 설명해 주면 늘 호응이 좋았다. 농업 농촌 문제가 농민만의 문제가 아니라는 인식의 전환이 일어나게 할 수 있었다. 그런 기반이 있었기 때문에 이번 국면에서 내 역량을 십분 발휘할 수 있었다고 생각한다. 내 트위터를 팔로우하는 사람 중 꽤 많은 분들이 농민과 농촌을 사랑하는 마음이 있었을 것이다.

계엄으로 산산조각 난 일상 속에서 보는 눈, 듣는 귀와 말하는 입이 유연해진 시기에 은폐되어 있던 '내 가까운 이웃으로서의 농민'이 시야에 감지되고, 나와 같은 의제로 투쟁하는 농민들을 응원하게 되었다. 트랙터가 오늘 광화문에 올 줄 알았는데 왜 안 왔지 궁금했던 참에, 사랑해 마지않는 그 농민들이 서울의 길목에서 공권력에 막혀 좌절하는 모습을 본 순간, 계엄령이 선포된 날 국회에 나가 몸으로 군인들을 막지 못한 죄책감, 내란 세력의 뻔뻔함에 대한 분노, 내가 저기 가지 않으면 농민들을 누가 지켜줄 수 있을까 하는 불안, 그동안 알아채지 못했던 농민들의 수난을 더는 못 본 칙할 수 없다는 양심과 용기 등. 이 모든 정동이 거세게 일어났다. 존재의 감지를 넘어 공감과 동기화가 일어나며 '나, 우리의 일부로서의 농민'이 되었다. 네 이웃을 네 몸과 같이 사랑하라는 어떤 종교의 계율이 그 새벽, 고개에 모였던 수천 명의 사람들로 드러났다. 그 수천 명의 행동과 실천은 점점 더 많은 사람들을 감화시켜 불러 모았고 다음 날 해가 뜬 남태령엔 10만 명의 사람들로 꽉 차 "차 빼라!"라는 목소리만으로 10중의 경찰 차벽을 무너뜨렸다.

정말 오랜만에 기획되지 않은 때와 장소에서 엄청난 연대의 현장을 만들어 냈다. 다음 날 밤까지 지켜본 이 놀라운 집념은 타자화나 시혜적인 태도를 초월한 무조건적이고 본능적인 실천이었다. 누군가가 시켜서, 불러서, 뭘 얻어 내려고, 돌려받으려고, 모두가 각자의 삶을 지워낸 하나여야만 한다는 강박으로 사람들이 모였었다면 이 집념의 투쟁이 가능했을까? 그날 이후 이 현상을 보존하고 계승해야 한다는 일종의 사명감을 갖게 되었다. 아마 나뿐만이 아니라 남태령의 들불이 되어 곧바로 다른 현장으로 달려간 수많은 동료 시민 연대도 같은 마음일 것이라 생각한다.

인류가 왜 불편하고 시끄럽고 복잡한 민주주의를 그토록 희구하는지 우리는 광장에서 오래된 답을 찾는다. 주변의 동지들, 이웃들, 벗들을 내 감각으로 확인하고 내 몸을 현장에 데려다 놓고 내 일로써 연대할 때, 우리가 민주주의 사회에서 어떤 식으로 무엇을 희망할 수 있는지, 어떻게 이 방식이 최선일 수 있는지 알게 된다. 민주주의는 딱 우리만큼 불완전하고 딱 우리만큼 완전하다. 민주주의의 가장 뜨거운 현장인 집회와 결사, 연대와 투쟁의 자리에서 '우리가 왜 여기에 모였는지' 끝없이 묻는다. 나는 그 질문과 사유의 과정 자체가 퍽 소중하며 결국엔 각자의 답을 찾을 것이라고 믿는다. 마침내 우리의 몸과 기억에 각자의 답을 새겨 넣는다. 그 작은 역사들이 모여 세계를 이룬다. 이토록 폭력적이고 고통스러우면서도 동시에 아름다운 세계를.

정신을 차려보니
다시 광장 앞에
있었다

생강

영페미도 메갈리안도 아닌, 의심하는 페미니스트. 가족, 돌봄, 노동, 연애, 법제도 등 퀴어를 배제하는 자본주의에 균열을 내고자 연대한다. 기록되지 않는 투쟁을 보고 기억하자는 마음으로 현장에 함께한다. 정체성이 중요하지 않을 평등한 해방 세상에서 멋쟁이 레즈비언 할머니로 늙기를 꿈꾼다.

동의하는 의제에 연대하고 차이를 인식하며
분열하는 과정이 진보다. 분열은 작은 차이를 무시하지
않고 소중하게 새기는 움직임이다.
얼마나 다른지 알아야 같이 나아갈 곳을 찾을 수 있다.

2024년 12월 3일 밤, 나는 계엄 소식을 뒤늦게 접했다. 계엄령이 발효되었다는 친구의 연락을 미리보기 팝업으로 보았다. 질이 나쁜 농담이라고 생각했다. 30분 뒤 공부를 마치고 휴대폰을 확인했다. 포털 뉴스 메인이 온통 계엄 이야기였다. 전쟁이 났다고 확신했다. 윤석열이 단단히 미쳐서 북한에 선전포고했구나. 아닌가, 북한군이 내려오나. 아무튼 피해야 한다. 사랑스러운 고양이, 생강이를 이동장에 넣었다. 움직일 준비를 마치고 엘리베이터 앞에 서서 처음 기사를 열었다. 눈에 잘 들어오지 않았다. 대한민국에서 선출직 대통령이 정권 유지를 위해 친위 쿠데타를 일으켰다. 다음 행보는 뻔했다. 국회에 군인을 보낼 차례였다.

　　다시 집으로 들어가 무엇부터 해야 할지 고민했다. 여전히 시민사회 운동에 몸을 담고 있는 친구 몇 사람에게 연락했다. "나와 내 가족은 사태를 피해 고향으로 내려간다. 서울에 있어야 한다면 군인과 경찰을 피해 우리 집을 써라. 도망갈 곳이 없다면 내 고향 집으로 와라." 전화를 마치고는 아버지에게 전화했다. "날이 밝는 대로 내려가겠습니다." 광주에서 나고 자란 아버지는 말 뜻을 쉽게 이해하셨다.

　　어머니는 모든 것이 곧 지나갈 테니 우선 잠을 자라고 했다. 시대가 시대이니만큼 대통령 마음대로 되지 않을 거라는 말도 덧붙였다. 하지만 잠이 오지 않았다. 가족 모두

잠에 든 것을 확인하고 생강이를 5분간 끌어안아 마지막이 될 수 있는 체온을 나눴다. 가족에게 국회로 가겠다고 솔직하게 말할 수 없었다(후에 어머니는 "분명 간다고 하면 말렸겠지만, 그래도 말은 해야 하지 않니. 어떻게 내가 생강이보다도 뒤일 수 있어!"라고 서운해하셨다). 여의도까지 차로 30분. 오마이TV를 통해 중계되는 국회 상황은 심각했다. 한강을 건너는 택시 안에서 계엄 해제 요구안이 의결되는 장면을 보았다. 더 이상 차가 진입할 수 없었다. 마음의 빚을 안고 집에 돌아왔다. 여의도로 출발한지 두 시간 뒤였다. 동생은 상황이 끝났다고 생각해 치킨을 먹고 있었다. 계엄 해제를 선포하겠다는 추가 담화 발표까지 긴장으로 밤을 새웠다.

시민사회 운동의 시작과 중단

비민주적 학사 운영과 학생 인권 침해는 쌍둥이와 같다. 사학 비리 사실이 기사화된 뒤 내가 다니던 고등학교는 두발 규제를 강화하고 0교시와 야간 자율학습 참여를 강제했다. 「입시명문사립 정글고등학교」 같은 작품이 유행하던 시대다. 처음에는 3년만 잘 참고 버티자고 생각했다. 그렇지만 첫 여름방학부터 벌써 참을 수 없었다. 일주일에 20시간을 사용해야 하는 학교 독서실에서 공부를 하던 중 숨이 막혀오며 이러다 죽겠다는 느낌을 받았다. 정신과에서는 수면제와 공황약을 처방해 주었다. 큰 도움이 되지 않았다. 우울한 나날 중 지하철역에서 서울시 학생인권조례 제정을 위한 시민 서명을 받는 무리를 보았다. '학생인권조례'. 생전 처음 들어본 그 단어는 숨 막히는 삶의 돌파구처럼 보였다. 고민 끝에 단체 가입을 신청했다. 그렇게 시민사회 운동을 시작했다.

단체 활동은 생각 이상으로 나를 바꿨다. 청소년 운동은 영페미[1] 세대 여성운동의 탈권위주의에 큰 영향을 받았다. 조직 안에서는 모두가 평등해야 했고 서열화된 조직 구조와 권력의 사유화를 경계하는 집단문화를 만들었다. 본명 대신 활동명을, 나이와 성별을 매개로 한 호칭 대신 상호 경어를 사용했다. 신입 회원 교육은 청소년 운동의 역사에 더해 여성주의, 성소수자, 노동자 운동 등 시민사회 운동의 다른 부분에 대해 다뤘다. 차별적인 발언 또는 행동은 징계의 대상이 될 수 있으며 기조에 동의하지 않는 사람은 활동가가 될 수 없었다. 자연스럽게도 조직 내에 오픈 퀴어[2]가 많았다. 체감상 40퍼센트 이상이 성소수자였다. 게이, 레즈비언, 트랜스젠더, 논바이너리[3] 등 다양한 정체성을 가진 사

---

[1] PC통신이 등장한 1990년대부터 2000년대 중반까지 활발히 활동한 여성주의 운동의 흐름을 통칭하는 말.

[2] 성소수자임을 공공연히 드러내는 사람.

[3] 자신의 젠더를 남성 또는 여성의 이분법적 성별 구분에서 벗어난 무언가로 인식하는 사람. 트랜스젠더퀴어에 포함되는 개념이지만 이분법적 성별 구분 내에서 자신의 젠더를 정의하는 바이너리 트랜스젠더와 구분하기 위해 사용했다.

람이 있었다. 나도 활동을 하면서 처음 벽장[4] 밖으로 나왔다.

그해 겨울, 생애 첫 집회에 나갔다. 서울시민 약 9만7천 명의 서명을 받아 주민발의된 학생인권조례안에 대해 한나라당 소속 서울시 의원들은 성적 지향을 이유로 한 차별을 금지하는 조례안이 동성애를 옹호한다며 해당 부분을 삭제해야 한다고 주장했다. 서울시 학생인권조례를 원안대로 통과시키기 위해 전국교직원노동조합과 동성애자인권연대[5]를 비롯한 연대체가 서울시 의회를 점거했다. 모두가 은박 돌돌이를 깐 바닥에 앉았다. 전지에 한나라당 소속 서울시 의원들의 번호를 적어 보기 좋게 붙이고 쉬는 시간 동안 계속 반인권적 태도를 규탄하는 문자메시지를 보냈다. 한편 교회를 중심으로 조직된 혐오 세력이 "에이즈를 퍼트리는 동성애", "우리 아이를 동성애자로부터 보호하자", "동성애는 죄악이다" 같은 피켓을 들고 대대적으로 몰려왔다. 한참 동안 고성과 욕설이 오가는 대치 상황이 이어졌다. 다행히 서울시 학생인권조례는 원안대로 통과되었다.

그래도 서울시 학생인권조례 제정을 위한 점거 농성은 주목도가 컸다. 대부분의 집회는 릴레이 일인시위, 기자회견, 참여자 서른 남짓의 소규모 집회이다. 작고 알려지지 못한다. 민중 의례로 시작해 연대 발언 후 〈인터내셔널가〉[6]로 끝

---

[4] 자신의 성적 지향이나 성 정체성을 공개하지 않는 성소수자를 지칭하는 은유적 표현.
[5] 현 행동하는성소수자인권연대.
[6] 노동자 해방을 주제로 한 민중가요.

나던 그 집회의 참여자 대부분은 아는 얼굴이고 늘상 보이는 사람이었다. 연대하는 단체 간에는 구성원이 겹쳐 때로는 참석자보다 단체의 수가 더 많았다. 형광 조끼를 입은 경찰의 수는 항상 참여자를 압도했다. 포털 사이트 메인에 기사 한 줄 걸리지 않는데도 지속하는 몸부림. 그게 내가 목격한 집회 현장이다.

이명박-박근혜 정권기에는 투쟁해야 할 일이 항상 생겼다. 냉난방도 안 되는 작은 사무실에 모여 더 많은 사람을 설득할 방법을 고민했다. 한정된 자원을 어떤 의제에 집중할지 싸우던 밤이 이어졌다. 우리가 바라는 평등한 세상이 정말 오기는 할까 한탄하고, 미래의 시민이 아닌 지금 여기서 행복한 시민이 되고 싶어 함께 싸우던 동지가 곁에 있었다.

수능을 보고 대학에 갔다. 진학한 뒤에도 청소년 운동을 계속하려 했다. 그런데 일감이 주어지지 않았다. 맡은 사업을 정리하고 조직을 탈퇴했다. 어떤 사람은 대학에 진학했다는 이유로 배신자라고 불렀다. 이해할 수 없었다. 나는 수능 한 달 전까지 회의에 참석했고, 수능 이후에도 대규모 집회 정국에 쉬지 못했다. 배신자라 불릴 이유는 없었다.

물론 운동을 그만둔 다른 이유도 있다. 세상은 마음처럼 빨리 바뀌지 않았다. 악독한 독재자의 딸은 보수정권을 이어받았다. 좁은 운동사회 밖의 보통사람은 모든 것에 무관심해 보였다. 나는 운동을 지속할 만큼 단단하지 못했다.

대학에서도 운동을 계속했다. 재학기간 내내 학생회와 성소수자 동아리에서 일했다. 하지만 청소년 운동에 참여할 때만큼의 동력을 얻지 못했다. 대학 내 학생운동은 대학 밖 시민사회 운동 조직보다 부족했다. 선후배 문화가 수평적인 관계 형성을 방해했고, 여성주의 기조에 대한 공감대도 떨어졌다. 공공연하게 혐오 발언을 하는 사람을 징계할 수 있게 학칙이 바뀐 지도 얼마되지 않았다. 학생회장은 내가 성소수자임을 알았다. 그는 혐오 앞에서 타협하며 늘 내게 미안하다고 말했다. 하지만 개인적인 미안함은 아무것도 바꾸지 못했다. 성소수자 동아리는 친목을 원하는 회원과 운동을 하고 싶은 회원 사이에서 표류했다. 성소수자 동아리에 가입할 정도로 적극적인 사람은 한 줌이다. 그중 연인을 찾는 것이 아니라 시민사회 운동을 하고 싶어서 가입한 예비활동가는 모래알처럼 적다. '원래 하던 일이 아니지만 해야 하는 일'은 말을 꺼낸 사람이 맡아야만 할 정도로 일손이 부족했다. 정기적인 업무만으로 과로에 시달렸다. 제대로 매듭지은 일은 일 할도 되지 않았다. '전업 활동가가 되면 계속 이렇게 사는 걸까. 많은 일, 빠듯한 월급, 불안한 미래.' 겁이 났다. 운이 좋게 학교 밖에서 비슷한 고민을 나눌 여성주의 활동가를 만났다. 하지만 학내에는 동지라고 부를 사람이 없었다.

      문재인 후보의 대통령직 당선이 확정되던 날, 나는 활동을 그만두기로 했다. 이명박-박근혜 정권기의 활동가는 치열히 투쟁했고 큰 희생이 뒤따랐다. 용산의 철거민. 미군기지 건설과 강정마을 주민. 밀양 송전탑과 경찰 앞에 누운 사람들. 의료 민영화와 철도 민영화 반대 투쟁과 '안녕들하

십니까'의 물결. 세월호 참사 피해자 가족과의 연대. 박근혜 정부의 밀실 위안부 합의에 저항해 일본 대사관 앞에서 노숙하고 수요 집회를 이어나간 시간. 광화문역에서 장애 등급제 폐지를 위해 오랫동안 서명을 받은 장애인 동지. 민중총궐기에서 물대포를 맞고 돌아가신 백남기 농민까지. 보수 정권 9년간 언론은 이 모든 걸 폭력 집회라 이름 붙이고 공격했다. 여기에 제도 정치권의 무관심이 보태졌다. 시민사회 운동은 정말로 어려운 시기를 견뎠다. 그럼에도 민주당은 시민사회 운동의 누적된 투쟁의 성과를 당과 평화적인 촛불집회, 공중파 대선 후보 토론에서 동성애를 반대한다는 실언을 한 문재인 후보의 앞으로 돌렸다.

      화가 났다. 우리는 현재의 시민이 되기 위해 싸웠다. 아직도 세상은 '나중에'를 외쳤다. 19대 대선에서 그다지 좋아하지 않던 심상정 후보에게 투표했다. 대선 후보 토론의 마지막 발언 시간을 성소수자를 위해 할애한 그의 마음에 충분한 보답을 하고 싶었다. 개표 방송을 함께 본 대학 선후배는 내 옆에서 승리의 기쁨을 나눴다. 지금껏 믿고 싸워온 세계가 흔들렸다. 그렇게 차차, 광장을 떠났다. 대학원에 진학했다. 일상적으로 터지는 문제에 분노하고 공감했다. 참여하지는 않았다. 할 만큼 했다는 마음으로 살았다.

다시
광장으로

윤석열의 1차 계엄 시도는 실패했다. 탄핵을 촉구하는 대규모 집회가 열린다는 소식을 들었다. 나와 내 친구들은 2017년을 반복해서는 안 된다고 생각했다. 2017년의 촛불집회는 박근혜의 정치적 실패를 향한 비판만큼 여성인 박근혜를 공격하는 모욕적 발언이 끊이지 않았다. 부패한 보수 정권이라는 거악 앞에 성소수자, 여성, 노동자, 청소년 같은 작은 문제는 나중에 얘기하자며 미뤘다. 해일 앞에서 조개를 줍는다는[7] 취급이었다. 평화시위에 강박적으로 집착했고 정권이 교체되면 모든 문제가 해결된다는 거짓말을 했다. 그렇게 문재인이 정권을 잡았지만 여성, 성소수자, 청소년, 사회적 소수자를 향한 차별은 여전했다. 2017년은 실패했다. 그리고 아무도 준비하지 못한 탄핵 정국이 다시 닥쳤다. 지금 광장에 나가지 않는다면 예견된 실패가 반복될까 걱정스러웠다. 광장에 무지개[8]를, 다양성을 채워야 한다. 그래서 우리는 무지개 깃발을 들었다. 시위 현장을 담은 사진 구석에 여섯 빛깔 무지개를 그린다는 마음으로 현장에 도착했을 때, 우리는 비슷한 생각을 한 동지가 아주 많다는 사실

---

[7] 2002년 대선 기간 중 발생한 개혁당 성폭력 사건에 대해 유시민은 "해일이 일고 있는데 조개 줍고 있다"라는 발언을 해 논란을 일으켰다.

[8] 빨간색, 주황색, 노란색, 초록색, 파란색, 보라색의 무지개는 성소수자의 자긍심을 표현하는 상징이다.

에 놀랐다.

　　　　12월 4일과 5일에는 추가적인 계엄 선포에 대비해 국회의사당 앞을 지켰다. 젊은 참여자 중 무지개 손 깃발의 의미를 알고 반가워하는 사람이 많았다. 나이 든 동료 시민들도 종종 깃발의 의미를 묻고 멋지다고 했다. 12월 7일과 14일의 집회에서는 여성주의자/성소수자 깃발이 모인 곳에 자리를 잡았다. 2017년 촛불집회 때도 무지개 깃발을 들고 온 사람이 있었다. 그때 우리는 불청객이었다. 이번에는 아니다. 성소수자와 여성의 정체성을 당당히 내세우는 무리가 민중 집회 공간을 점유하는 경험은 퀴어문화축제 밖에서는 처음이었다. 우리가 든 무지개 깃발을 보고 이름도 얼굴도 모르는 사람들이 반갑다는 말과 함께 핫팩과 간식을 나눠주었다. 무대에 선 발언자가 여성주의자와 성소수자를 호명했다. 야유를 보내는 사람도 있었다. 하지만 그에 질세라 호응하고 야유를 제지하는 사람이 더 많았다. 차별적인 연대 발언은 집회 주최 측이 제지했다. 가수 이랑과 밴드 브로콜리너마저의 무대 공연은 환상적이었다. 모든 풍경이 생경했다. 마침내 윤석열 대통령 탄핵 소추안이 가결되었다.

　　　　정신 없는 몇 달 간, 비슷한 이유로 지쳐서 광장을 떠났다가 다시 돌아온 사람이 많음을 알게 되었다. 그래서 구구절절 무슨 운동을 했는지를 적었다. 사라진 듯 했지만 연어처럼 돌아온 사람의 이야기를 하고 싶었다. 여성운동을 하던 활동가도, 노동운동을 하던 활동가도, 성소수자 운동을 하던 활동가도 모두 지쳤다. 지친 사람은 비슷한 실패를 반복하지 말자는 마음으로 광장에 돌아왔다. 이번에는 성공해야 한다는 마음으로 계속 광장에 나간다. 운동의 가장 큰 동력은 고민을 나눌 수 있는 동지다. 비슷한 생각, 비슷한 경험, 비슷한 피로 앞에서 동지와 공감하며 이야기를 나누고 함께 나아가려 한다. 적극적으로 동지를 늘리려고 한다.

시민사회 운동을 떠난 뒤 항상 고립감을 느꼈다. 혐오의 물결은 손댈 수 없이 거대해 보였다. 나는 검증된 주변인과 안전한 커뮤니티를 꾸리고 숨어 살았다. 회피였다. 나는 안전했지만 다른 사람은 안전하지 않았다. 청소년 성소수자 77.4%가 자살을 생각하고, 47.4%가 자살을 시도한다. 전체 청소년 대비 다섯 배가 높은 자살시도율[9]이다. 혐오가 사람을 죽인다. 나는 아직도 청소년기의 마음을 잊지 않는다. 외롭고 무섭고 막막했다. 혼자 살아보겠다고 떠난 과거가 부끄러워서 이제는 외면하지 않기로 했다. 기름통에 잠긴 듯 답답한 일상 속에서 몇 년 만에 처음으로 숨을 쉬는 기분이었다. 성소수자 여성은 광장에서 투쟁해야 산다.

---

[9] 「청소년 성소수자의 생활실태조사」, 한국청소년개발원, 2006, p.79-80. 성소수자에 대한 국가 차원의 통계 수집이 이루어지지 않기 때문에 청소년 성소수자를 다룬 최신의 학술적 연구를 싣지 못했다.

혐오에 단호하고,
반성하는 연대를 원한다

이제부터는 불편한 이야기를 해야 한다. 지난 몇 년간 심각해진 트랜스젠더를 대상으로 한 공격과 남태령 집회 이후 집요해진 퀴어 혐오를 짚고자 한다.

2024년 12월 21일, 집회 참여를 위해 트랙터를 끌고 상경한 전봉준투쟁단은 남태령에서 경찰과 대치했다. 상황이 알려지자 광화문에서 집회를 마치고 귀가하던 참여자가 남태령으로 속속 집결했다. 연대 발언이 이어졌다. 많은 이가 자신이 성소수자임을 밝히며 연대했다. 남태령에 연대하려 온 사람들은 문예선동[10], 농민 투쟁의 역사를 배울 수 있었다. 농민은 성소수자를 비롯해 자주 만나지 못한 소수자 집단에 대해 이해할 기회를 가졌다. 경찰과의 장시간 대치 속에 소중한 나눔이 이어졌다. 전봉준투쟁단은 예정보다 늦게 용산에서 집회를 할 수 있었다.

2024년 12월 28일, 전봉준투쟁단은 연대에 감사하는 마음으로 집회 참여자에게 무지개떡을 돌렸다. 성소수자를 비롯한 장애인, 여성, 기타 사회적 약자에 대한 연대를 표현하는 마음이었다. 박찬대 민주당 원내대표는 "떡 맛있

---

[10] 대중 선전을 위해 작곡된 민중가요 및 그에 맞추어 하는 몸짓(율동). 집회 현장에서 연대와 지지를 표하는 공연 형식의 하나이다. 통상 '문선'으로 줄여 말한다.

었어요. 웬떡이니? 했어요"라는 글[11]을 트위터(현 엑스)[12]에 올렸다. 두 달 전 보수 기독교 단체에 "민주당이 적극적으로 나서서 포괄적 차별금지법을 통과시키려고 하는 의지를 보이고 있다는 것은 아직은 우려라고 생각한다"라며 당내에서 차별금지법 제정을 위해 싸우는 동료 정치인을 "현대 민주주의 사회에 맞지 않는다"라고 표현했던 박찬대 의원이었다. 많은 사람들이 박찬대 의원의 글을 비판했다. 그리고 이때부터 퀴어와 트랜스젠더에 대한 악의적인 공격이 트위터 내에서 격화되었다.

터프(TERF)[13]의 퀴어를 대상으로 한 공격은 어제오늘 일이 아니다. 메갈리아에서 게이를 비하하는 단어의 사용을 금지한다는 이유로 워마드가 분화된 이후 트랜스젠더를 향한 터프의 혐오는 더욱 심해졌다. 문제는 이에 대처하는 기성 여성주의 운동 '선배들'의 태도였다. 2018년 '불편할 용기' 집회는 생물학적 여성만을 집회 참여자로 허용하겠다고 밝혀 물의를 빚었다. 그럼에도 많은 선배들이 소위 흐린 눈을 하고 집회에 참여했다. "생물학적 여성만을 안고 가겠다는 태도는 문제가 있다. 그러나 불법 촬영은 심각한 여성혐오이고 우리는 사람이 아닌 의제에 연대한다"라는

---

[11] 박찬대 의원의 트위터 글, 2024. 12. 28.

[12] 일론 머스크가 인수한 이후 X로 이름이 바뀌었지만, 일론 머스크가 혐오를 조장하고 공론장을 망가뜨리는 것에 반대하는 의미에서 이전의 이름인 트위터를 그대로 사용한다.

[13] 'Trans Exclusive Radical Feminist'의 줄임말. 이들이 페미니스트라는데 동의할 수 없지만 스스로 그렇게 주장하니 용어를 그대로 사용한다.

이유였다. 선배들은 성소수자를 버렸다.
　　　　21세기 한국의 여성운동은 성소수자 없이 설명할 수 없다. 성소수자가 여성운동을 지켰다. 어떤 여성운동 조직에도 성소수자가 있다. 여성주의 활동가라면, 성소수자를 배제하는 여성주의는 성립할 수 없다는 믿음을 공유한다. 여성을 단일한 정체성으로 설명할 수 없다. 이성애자 여성이나 레즈비언, 날 때부터 대한민국 시민인 여성과 이주민 여성은 모두 다른 여성이다. 기혼 여성과 미혼 여성은 다른 차별을 겪는다. 여성으로서의 우리의 경험은 모두 다르다. 그렇지만 각각의 여성은 서로의 위치를 바라보고, 연대해 차별과 싸울 수 있다고 믿는다. 내가 참여한 여성주의 운동은 그랬다. 그런데 선배들은 6만에서 11만으로 추정되는 집회 참여자를 얻기 위해 그런 활동가를 버렸다. 성소수자, 바이너리 트랜스여성에 대한 혐오가 곪도록 방치했다. 지금 생물학적 여성만이 여성이라 주장하던 사람은 혐오를 끊임없이 재생산한다. SNS에서 퀴어, 트랜스젠더를 공격한다. 여성이 성공해 높은 자리에 올라간다면 세상이 바뀔 거라 말한다. 2030 남성은 고칠 수 없는 사회악이니 여성만의 커뮤니티를 만들어야 한다고 주장한다. 탈코르셋이라는 이름으로 새로운 코르셋을 강요한다. 어린 남성은 한남유충이고 게이는 똥꼬충이며 트랜스젠더는 정신병자라고 말한다. 그걸 여성주의라고 말한다. 이건 여성주의가 아니다. 신자유주의에 편승한 극우적 주장은 여성주의가 아닌 혐오다. 선배들은 잘못된 선택을 했다. 여성주의 운동은 아무것도 얻지 못했다. 우리는 잃었다. 2030 여성은 2030 남성만큼 보수화되었다. 선배들이 혐오를 묵인하지 않았다고 상황이 달라졌을지는 의문이다. 하지만 그때의 타협이 혐오로 가득 찬 세상을 가속했다.

      나는 트랜스여성이다. 오랜 트랜지션[14] 과정을 거쳐 법적인 성별을 정정했다. 원래 나는 성정체성을 두려움 없이 밝혔다. 고용시장이나 직장에서 불이익을 당할까 걱정했지만 자긍심이 더 컸다. 사회 전반에 성소수자를 대상으로 한 적극적 혐오 발언은 문제라는 인식이 있었다. 그러나 많은 선배들이 '불편한 용기' 집회에 참가하며 나에게 변명했을 때, 생물학적 여성만이 여성이라 주장하는 사람이 모인 마로니에 공원을 보았을 때, 트랜스젠더임을 밝히지 않고 살기로 했다. SNS에서는 이전과 다른 종류의 공격이 이어졌다. 악의적인 허위 주장이 널리 퍼지고 공유되었다. 동지라 믿었던 사람이 성 정체성을 이유로 나를 공격했다. 그런 상황이 몇 년째 지속되었다. 많은 친구가 남태령 이후 트위터에서 지속되는 트랜스젠더 혐오에 지쳐 다시 떠났다. 나 역시 오래전 트위터 앱을 삭제했다. 혐오가 일상적인 학교에서 유년기를 보낼 트랜스젠더 청소년이 걱정된다. 더 적극적으로 행동하지 않은 부채감으로 글을 쓴다.

      이번 탄핵 정국에서 비슷한 역사가 반복될까 두렵

---

[14] 성별 불일치감을 줄이기 위해 하는 일련의 의료적 조치. 호르몬 치료, 유방 절개, 외부 생식기 제거 등을 포함한다.

다. 연대의 외연을 확장하자는 주장에 동의한다. 그러나 연대에는 원칙이 중요하다. 기조를 세우고 연대의 범위를 명확히 해야 한다. 박원순의 성추행을 옹호하는 촛불행동에 연대할 수 없다. 마찬가지로 터프와, 동료 시민의 존재를 부정하고 공격하는 집단과 연대할 수 없다. 자신을 래디컬하다 착각하며 적극적으로 혐오 발언을 일삼는 집단을 동지라 부를 순 없다. 섣불리 연대를 외치기 전에, 핍박받고 외면당한 트랜스젠더 동지를 보호해야 한다. 연대의 물꼬를 트자고 이야기하기 전에 어리고 잘 몰라서 그랬을 것이라는 말로 심각성을 축소해서는 안 된다. 잘못을 분명히 해야 한다. 혐오 발언을 하는 여성에게 베푸는 이해심의 절반만이라도 정체성을 밝히지 못하는 학교 안 청소년, 성별 정정을 마치고도 여대 입학을 단념한 청년, 트랜지션을 포기한 중년, 모든 비가역적 과정 끝에 과거를 지운 살아 있고 죽어간 트랜스젠더에게 따뜻함을 보여야 한다.

    이 모든 혐오를 넘어 연대가 이루어지려면, 페미니스트 동지를 말하며 그 안에 있는 트랜스젠더 동지를 지우지 말아야 한다. 연대를 이야기하는 사람이 내게는 성소수자를 집토끼 취급하며 교회 표를 갈구하던 민주당과 같다. 과거에도, 지금도, 미래에도, 동지일 수밖에 없는 집단의 당연한 이해를 기대하고 움직이고 있지 않은지 스스로 돌아봐야 한다. 혐오 세력이 행하는 폭력과 폭언은 아프지만, 그보다 나는 동지를 자처한 사람이 혐오를 큰 문제 앞에서 덮고 가야 할 사소한 일처럼 얘기할 때 더 슬프다. 트랜스젠더를 향한 혐오는 사소하지 않다. 혐오는 현실 속 트랜스젠더의 삶을 위협한다. 또다시 이 혐오를 사소한 결함으로 본다면, 나중에 해결하고자 미룬다면, 과거를 반성하지 않는다면, 우리는 동지가 될 수 없다. 성소수자의 삶, 교차성이 빚어낸 복잡한 차별을 여성해방이 오면 해결될 부차적인 의제로 취급한다면 그것이 여성운동을 부문운동 취급하던 구세대 운동권의 태도와 무엇이 다른지 모르겠다. 알면 공감하고, 공감하면 이해하며, 이해하면 연대할 수 있다. 누구든 소수자성과 교차된 정체성에서 오는 특수한 차별을 직접 겪지 않아도 알고 공감하고 이해할 수 있다. 서 있는 곳이 달라도 같은 곳을 보고 갈 수 있다. 그렇다면 지금껏 방치한 문제에 반성의 목소리를 내야한다. 거대한 전환기 앞에 수치심을 잊지 말아야 한다.

  윤석열즉각퇴진·사회대개혁 비상행동(이하 비상행동)에 많은 친구가 힘을 보태고 있다. 예상치 못한 비상 정국, 부족한 준비에도 잡음에 신속히 대처하는 모습에 감사하다. 인터넷 공간이 낯설기에 어디까지 동향을 파악하고 여론을 수렴해야 할지 판단이 어려울 수 있다. 그동안 안에서 혐오에 맞선 젊은 활동가에게 무엇을 할지 물었으면 한다. 2017년부터 이어진 일련의 실패를 우리는 반복할 수 없다.

**여성과 성소수자는
분리되지 않는다**

여성은 항상 거리에 있다. 우리는 활동가고 집회 참가자며 해방 세상을 위해 싸운 투사다. 새삼스레 젊은 여성에 주목하는 언론이 낯설다. 이제야 우리를 보는구나 싶은 마음도 든다.

집회에 참여한 나와 내 친구는 임신한 트랜스남성, 논바이너리, 레즈비언, 바이섹슈얼(양성애자), 에이섹슈얼(무성애자) 등 아주 다양한 정체성을 가진 집단이다. 그중 몇이나 여성으로 보였을까. 몇이나 여성으로 불릴까. 우리는 분명 여성이고 여성이 아니지만 많은 사람이 우리의 젠더를 똑바로 알지 못했을 것이다. 중요하지 않다. 우리는 거기에 있었다. 많은 사람이 광장에 뜬 무지개를 보았다. 세상은 그렇게 바뀔 것이다.

기성 언론은 계속해서 2030 여성과 성소수자를 분열시키려 한다. 이 글을 쓰고 있는 2025년 1월 말 많은 언론사가 여성의 시위 참여에 주목했지만 MBC와 시사인을 제외하고 성소수자의 시위 참여를 논하는 언론사는 없었다. 현장에 함께한 이들은 확실히 안다. 페미니스트 존에는 항상 무지개 깃발이 있고, 연대 발언을 하는 많은 여성이 성소수자다. 여성과 성소수자는 분리할 수 없다. 그럼에도 여성에만 주목하는 기사에는 의도가 있다. 수많은 성소수자가 지워지지 않기 위해 깃발을 들고 광장에 나선 그날을 기억해 주었으면 한다.

흔히 진보의 힘은 연대라고 한다. 이 명제는 반만 맞다. 진보의 힘은 연대와 분열이다. 동의하는 의제에 연대하고 차이를 인식하며 분열하는 과정이 진보이다. 분열은 작은 차이를 무시하지 않고 소중하게 새기는 움직임이다. 얼마나 다른지 알아야 같이 나아갈 곳을 찾을 수 있다. 우리는 좀 더 예민해져야 한다. 진보는 분열하고 또 연대하며 나아간다. 외부에 분열하는 모습을 보일까 두려워 연대의 진정한 가치를 퇴색시키지 않았으면 한다.

이 글을 읽는 당신이 아직 시위에 참여하지 않은 사람이라면 광장에 나오길 권한다. 현장에서 다양한 삶의 이야기를 듣고 함께 모여 행진하는 즐거움을 나누고 싶다. 경험이 당신의 세계를 바꾸기를 희망한다. 서울시 학생인권조례 제정을 위한 일련의 활동은 나를 다채롭게 했다.

P.S. 지난 3월 3일은 변희수 하사의 기일이다. 그와 함께 지금의 광장에 서지 못하는 것이 슬프다.

여기,
페미니스트가
나타났다

엄지효

필름메이커이자 미디어 아티스트, 여성 영상인 네트워크 프프프(FFF)의 공동 설립자이다. 컴퓨터와 가상세계, 미디어, 사람들과 연결되는 것을 좋아한다. 가상세계에 머물수록 몸이 쇠약해지는 것을 느껴, 나 같은 사람들이 '현생'도 잘 살아갈 방법이 무엇일지 고민한다. 그래서 스크린 너머의 세계와 지금, 여기의 세계가 어떻게 얽히고 흐르는지 탐구하며, 가상과 현실이 만나는 지점을 실험하는 작업을 하고 있다.

민주주의와 페미니즘이 진정으로 다양성을 존중하는
것이라면, 서로 다른 연대들이 교차하고 연결되며
확장할 수 있도록 광장은 대양처럼 넓어져야 한다.

이제 와서 솔직히 털어놓자면, 윤석열 탄핵 소추안이 가결된 순간에는 크게 감격하지 않았다. 다행이라며 옆에 있던 동료들과 손을 맞잡고 가슴을 쓸어내렸을 뿐이다. 오히려 내가 눈물을 펑펑 흘린 순간은, 가수 이랑이 '민주주의 구하는 페미-퀴어-네트워크'와 함께 "늑대가 나타났다"를 부르짖던 때였다.

"페미니스트가 요구한다, 윤석열은 물러나라!"

"늑대가 나타났다!" 노랫말에 맞추어 피켓이 광장을 향했다. 피켓에 쓰인 글자 모양은 제각각이지만 '페미니스트'라는 글자는 명확하게 읽을 수 있었다. 지난 시위에서 페미니스트가 발언대에 서자 누군가 "끌어내라!"라며 으름장을 놓았다지만, 우리는 더 커져서 무대에 섰다. 우리는 언제나 광장에 출현하고 광장의 중요한 구성원임을 증명해 냈다. 페미니스트가 아닌 사람들에게도 속속들이 우리의 목소리가 전달되고 있었다.

이제껏 대한민국에서 페미니스트의 요구가 이렇게 강력하게 퍼질 수 있었던가? 수백만 명이 한곳에서 페미니스트의 외침을 들어본 적이 있었던가? 물론 여성은 항상 광장에 있었으며, 한 번도 억압에 순응한 적 없다. 그러나 너무 오랜 시간, 특히 윤석열 정권에서 페미니스트는 스스로 페미니스트라고 부를 수도 없었다. 페미니즘을 연구하고 확산하는 활동에 대한 지원은 모두 사라졌으며, '집게손가락 사태'로 페미니스트에 대한 검열은 더욱 불타올랐다. 자신을 '진보'라 칭하는 남성들도 페미니스트를 지지해 주지 않았다. 젊은 여성들의 절반 이상은 성차별에 분노하는 페미니스트인데, 정치인과 언론은 페미니스트를 언급조차 하기 꺼린다. 공론장에서 우리는 점점 지워지고, 페미니스트는 어디에나 있지만 어디서도 찾을 수 없었다.

이 많은 페미니스트는 그동안 어디에 있었는가? 나는 흔한 30대 미디어 중독자 여성으로, 가상과 현실을 오가며 본 것들을 증언하고 싶다. 주류 언론이, 남성들이 광장에서 페미니스트 여성들을 다시 '발견'하기까지, 페미니스트는 없어진 게 아니라 쭉 여기서 살아오고 있었다고. 글을 통해 그동안 페미니스트가 기거해 온 공간을 짚어보고, 온라인에서의 느슨한 네트워크가 광장에서의 연대로 체현되기까지의 여정을 조망해 보려 한다. 나처럼 집 밖으로 나가기 어려워하는 사람마저 광장으로 불러낸 이 시국과 연대의 힘은 꽤나 흥미롭다.

페미니스트를 찾아서

2016년, 대학 졸업을 앞두고 한 광고대행사에서 정규직 전환형 인턴십을 했다. 나는 늘 영상을 만드는 사람이 되고 싶었고, 광고회사는 내가 상상할 수 있는 가장 괜찮은 선택지였기에, 내 실력을 입증해 꼭 취직에 성공하고 싶었다. 당시 나는 쇼트커트를 하고 있었는데, 내가 입사하자마자 회사 선배들은 이런 질문 공세를 했다. "머리는 왜 잘랐어? 레즈비언, 페미니스트, 뭐 그런 거야?" 긴장한 사회 초년생이 뭐라고 대답했는지는 잘 기억나지 않는다. 또 팀장님은 나를 방으로 불러 사적인 이야기를 늘어놓았다. 원래 결혼에 뜻이 없었는데 주위 시선 때문에 결혼을 하고 아이를 낳았다고 했다. 그런데도 크게 애정이 생기지 않아 매일 야근을 핑계로 집에 안 들어간다고 했다. 아이는 아내가 돌본다고 했다. 놀랍게도 아내와는 사내 커플이었다. 그 시기, 팀에서는 가족을 위한 SUV 자동차 광고 시안을 만들고 있었다. '아빠도 가족과 함께할 권리가 있다.' 뭐 그런 내용의 광고 카피였다. 나는 '아빠'들만이 권리를 빼앗긴 것은 아니며, 이 자동차가 아빠의 권리를 돌려주지도 않는다고 말했다. (원래 자본주의사회의 마케팅이란 게 그렇다. 광고회사에서 인턴이 할 말은 아니었던 것 같기는 하다.) 그 뒤엔 팀장님이 나에게 말을 걸지 않았고 일거리도 주지 않았다. 정규직 전환은 당연히 실패했다. 내가 사회생활을 잘 못한 탓 같아서 한동안 우울과 무기력에서 헤어 나오지 못했다.

　　　　졸업 후에는 상업 영상 촬영장으로 갔다. 조그마한 광고 영상 프로덕션에서 조감독으로 일을 시작했다. 현장에 갈 때마다 당연하게도 여성은 나 혼자였다. 그게 당연하다는 걸 깨닫기까지도 시간이 좀 걸렸다. 대학교 동아리에서 경험한 촬영 현장은 이렇지 않았는데, 사회에 나와 내가 알던 상식을 하나씩 갈아 끼워야 했다. 그런 현장에서는 업무 내용이나 수행 능력보다도 나의 외모, 패션, 화장 상태, 남자 친구의 유무 등이 더 자주 대화 주제로 등장했다. '결국에는 안정적인 직장을 찾아 들어갈 것'이라며 내가 하는 일을 진정성 없게 바라보는 사람들도 있었다. 스태프들에게 고래고래 소리를 지르는 기술팀 감독을 보며 '촬영장은 군대 같은 곳이구나'라고 생각하기도 했다. 감독이 대행사 직원을, 대행사 직원이 클라이언트를 룸살롱에 모시고 가는 것도 보았다. 다른 스태프와 트러블이 생겼을 때, "이래서 여자랑은 일하면 안 돼" 하는 소리도 들었다. 내가 잘못하지 않았을뿐더러 여성성과는 한 치의 관련도 없는 일이었는데 말이다. 물론 이때는 사회성이 조금 더 향상되어 아무 소리도 하지 않았다.

　　　　누구라도 붙잡고 이야기하고 싶었다. 원래 사회가 이런 거냐고. 물론 자라오면서 '여자는 능력보다 외모'라며 마르면서 볼륨감 있는 몸매와 수려한 외모를 갖추기를 요구받기는 했으나, 그것이 내 능력을 펼칠 기회조차 통제하겠다는 뜻인 줄은 몰랐다. 또 남성은 성욕을 통제할 수 없다고 교육받기는 했으나, 그것이 나라는 사람이 언제나 성적 대상으로만 위치하며, 나이가 들면 '어머니' 외에는 사회적 지위를 보장받지 못한다는 뜻인 줄은 몰랐다. 더군다나, 성차별에 대해 지적을 하면 분위기를 망치는 줄도 몰랐다. 성차별은 공기 같지만 없는 셈 쳐야 하며, 문제를 언급하는 것은 사람들을 굉장히 불편하게 만드는 것이었다. 학창 시절 같은 반 남자아이들이 여자아이들의 성적 매력을 평가하며 희롱하던 순간, 여자가 능력이 너무 좋으면 부담스러우니 공부를 적당히 해야 한다는 선생님 말씀, 체육 시간에 남학생들은 운동장에, 여학생들은 요가실에 몰아넣으며 각기 다른 성교육을 하던 순간이 스쳐 지나갔다. 이렇게 많은 신호가 있었음에도 눈치채지 못한 내가 바보인 것만 같았다.

두렵고 외로웠다. 이런 이야기를 나눌 사람이 없었다. 여성들은 쉽게 입을 열지 않았으며, 남성끼리는 "형님, 동생" 하며 서로 밀어주고 끌어주는 것 같았다. 아니, 적어도 그들의 성별이 약점이 되지는 않아 보였다. 이런 혹독한 환경에서 과연 실력만으로 직업을 지킬 수 있을까? 내 실력은 누가 평가하는가? 페미니즘이라는 가치관, 혹은 영상 제작업계에서 일하고 싶다는 꿈 중 하나를 포기해야 할까? 여성이라는 이유만으로 불확실성을 맞닥뜨렸을 시점, 가장 찾고 싶었던 것은 나와 비슷한 사람들이었다. 고민을 나누고 나와 비슷한 사람들이 어떻게 살아가는지만 알아도 덜 불안할 것 같았다. 앞으로 어떻게 해야 할지는 일단 모이고 나면 뭐라도 답이 나올 것만 같았다. 나만 외로운 것이 아니라는 사실을 알게 되는 것만으로도 덜 외로울 테니까.

　　　영상 일을 시작한 지 2년쯤 되었을 때, 상식적인 대우를 받을 거라는 기대는 차츰 무너져 내리고 있었다. 이런 환경에서는 일을 계속할 수 없겠다고 생각하던 어느 날, 한 여성 감독을 소개받았다. 새 단편영화를 만드는데, 조감독이 필요하다고 했다. 영상 제작업계에서 2년 만에 처음 만나는 여성이었다. 그길로 남성 일색이던 프로덕션 조감독 일을 그만두고, 그 감독을 따라 함께 페미니즘 영화를 만들었다. 그 촬영 현장에서 다른 여성 스태프들도 만날 수 있었다. 촬영 후에는 또 각자 흩어져 프리랜서로 살았지만, 1년에 한두 번은 모임을 가졌다. 그때마다 먹고사는 이야기, 현장에서 겪은 부당한 이야기, 새로 만든 작품 이야기, 좋은 영상에 대한 이야기를 시간 가는 줄 모르고 나눴다. 모두 같은 고립감 속에서 버티고 있었다. 그런데 이런 대화는 철저히 사적인 자리에서만 가능했다. 일터에서는 여전히 조심스럽게 입을 닫았고, 사회적 분위기에 맞춰 말을 골랐다. 페미니스트라는 정체성을 드러내는 순간, 너무 예민한 사람이 되거나 불편한 존재가 될 수 있었으니까. 우리를 가장 잘 이해해 줄 사람들은 서로였지만, 그조차도 한 공간에서 함께 목소리를 내기 전까지는 알 수 없었다. 서로를 찾고, 확인하고, 연결되는 과정이 절실했다. 그래서 우리는 '여성 영상인 네트워크 프프프(FFF)'라는 온라인 커뮤니티를 만들었다.

　　　페미니스트 경제학자 낸시 폴브레는 "가부장제와 불평등은 공진화(共進化)한다"라고 말한다. 가부장제는 남성에게 더 많은 권력을 쥐여주고 이를 유지하기 위해 여성을 통제하며, 그 과정에서 남성 간에도 불평등을 재생산한다. 또 가부장제는 여성의 노동 가치를 평가절하하며 여성을 저임금 돌봄노동에 고착시키고, 신자유주의와 결탁하여 이를 개인의 능력 부족으로 치환한다. 자본주의 사회에서 가부장제는 구조적인 억압을 가할 뿐만 아니라, 여성들에게 그 억압을 개인적인 문제로 받아들이게 한다는 뜻이다. 직장에서 부당한 대우를 받아도 '내가 더 능력 있었으면 달랐을 텐데'라며 자책하게 하고 가사와 돌봄을 전담하며 지쳐도 '내가 부족한 엄마이자 딸이 아닌가' 하는 죄책감에 사로잡히게 한다. 그래서 우리는 끊임없이 더 나아지기 위해 애쓰지만, 그 과정에서 점점 더 고립되고 외로워질 뿐이다.

그러나 외로움과 두려움은 개인의 문제가 아니다. 그것은 시스템 속에서 우리가 여성으로 어떻게 기능하도록 강요받는지 보여주는 징후다. 여성들이 각자의 자리에서 분투하는 것만으로는 변화를 만들기 어렵다. 우리는 함께 모여야 하고, 서로 위안을 삼는 공동체를 넘어, 이 불안과 불평등이 개인적인 실패가 아니라 사회적인 문제임을 공론화해야 한다. 변혁은 여기에서 시작된다고 믿는다. 우리의 연대는 단순한 안전망, 또는 필요할 때 도움받을 수 있는 전화번호부가 아니다. 연대에는 무려 세상을 바꿀 힘이 있다. 우리가 가부장제에 균열을 내고 변화를 이루는 그날, 연대는 해체되는 것이 아니라 오히려 더 큰 생명력을 가지게 될 것이다. 이것이 우리가 광장에 모인 이유다.

온라인이
현실을 구할 수
있을까

　　나는 아이돌이나 애니메이션 관련 덕질을 하지는 않았지만, 대신 컴퓨터와 인터넷 덕질을 하며 청소년기를 보냈다. 하교 후에는 포토샵으로 도트(픽셀 아트)를 찍고 코딩을 했다. 내가 활동을 시작하던 2000년대 초중반에는 '장미가족의 태그교실' 붐을 타고 개인 홈페이지와 온라인 포럼이 자리 잡고 있었다. 아쉽게도 학교에는 비슷한 취미를 가진 친구가 없었고, 컴퓨터와 인터넷이 주는 무한해 보이는 표현의 자유를 동경하며 자연스럽게 인터넷 커뮤니티 활동을 했다. 인터넷 서브 컬처는 일본 애니메이션 '오타쿠'가 향유하는 것과 겹치는 구석이 있었고, 나는 '오타쿠'로 낙인찍히기 싫어 겉으로는 티 내지 않으며 인터넷 이중생활을 했다. 현실에서는 할 수 없는 말들을 인터넷에서는 뱉을 수 있었고, 그래서 자유로웠다. 인터넷은 어린 시절 나에게 발언권과 관심사 기반의 준거집단을 선사해 준 최초의 공간인 셈이었다.

　　2000년대 중후반쯤 대형 온라인 커뮤니티가 등장하기 시작해, 포털 사이트 카페와 웹 커뮤니티로 옮겨 가서 놀았다. 커뮤니티에 성별이 생긴 것도 이때쯤인 것 같다. 사춘기 시절에는 '쭉빵카페' 같은 곳에서 '훈녀생정'을 탐독했다. 내 또래 여자아이들이 제 욕망을 가감 없이 드러내는 공간이 있다는 것을 처음 발견하고 흥분했다. 성인이 되자 친구들이 남몰래 '여성시대' 같은 곳에 가입해서 활동하고 있다는 걸 알게 됐다. 주민등록증 인증까지 해야만 가입할 수 있는, 정말로 여성들만 가입할 수 있는 은밀하고 안전한 곳이었다. 서로의 신원은 철저하게 숨긴 채, 익명성에 기대어 더 자유롭고 내밀한 대화가 오갔다. 같은 여성이라는 공통점 하나만으로 얼굴도 모르는 이들에게 이렇게 많은 정보를 공유해 준다는 점이 경이로웠다. 모든 '여성 전용 공간'이 그렇듯이, 남성의 출입만 금지해도 훨씬 안전한 공간이 되었다. 검열하지 않아도 되는 여성들은 이곳에서 자유롭게 떠들 수 있었고, 커뮤니티 안에서 페미니즘은 당연한 것이 되었다.

  그렇게 여성들의 언어는 온라인 공간에 쌓였다. 2015년 메르스 갤러리 사태와 2016년 강남역 살인 사건을 기점으로 '페미니즘 리부트'가 일어나며 드디어 여성들의 울분이 사회의 표면에 드러나는 듯했다. 그러나 언론은 이 현상을 '남녀 갈등'으로 프레이밍했고, 남성들은 여성 커뮤니티 유저를 '메갈'이라 일컬으며 '메갈 사냥'에 나섰다. 혐오는 온라인에서뿐만 아니라 현실에서 더 실질적인 형태로 일어났다. 넥슨에서는 페미니즘을 옹호한다는 이유로 성우가 해고되었으며, 영상 제작업계에서도 페미니스트를 색출하고 있다는 제보가 잇따랐다. 그럼에도 우리는 부당함을 일삼는 기업과 사회에 정당하게 항의할 수 없었다. 여성들은 노동시장에서 협상력이 떨어지며, 협상력은 만족스러운 보상을 받을 때까지 직무 수행을 보류할 수 있는 능력에서 나오기 때문이다.[1] 페미니스트 여성들은 끊임없이 공격을 받았기에, 우리는 속으로 '메갈'이되 외적으로는 스스로를 검열해야 했다. 그렇게 쌓인 울분이 가상공간에 축적됐다. 이곳에서만큼은 여성들이 터놓고 이야기할 수 있었다. 현실의 물리적 공간에서는 우리의 발언이 검열과 공격을 받을 수 있지만, 온라인 공간은 안티 페미니스트의 출입을 통제할 수 있었기 때문이다.

나는 2018년 여성의 날이 되어서야 인스타그램에 "#나는_페미니스트입니다" 해시태그를 쓸 수 있었다. "제가 바로 그 쿵쾅이에요"라는 멘트와 함께. 여성들만 '좋아요' 버튼을 눌러주었고, 몇몇 남성은 나를 '언팔로우'했다. 해시태그 운동이 활발하던 시기였다. 2016년 촉발된 미투(#MeToo) 운동을 전 세계인이 지켜보며, 여성의 동의 없는 성욕 분출은 폭력이라는 것이 드디어 상식으로 받아들여졌다. 한국의 여성들도 하나둘 스스로를 페미니스트로 정체화하기 시작했으나, 페미니즘은 여전히 '급진적인 사상'처럼 보였기에 쉽게 페미니스트임을 드러낼 수는 없었다. 하지만 이어 "#나는_페미니스트입니다" 같은 해시태그가 나타나며, 페미니스트라는 정체성을 긍정하고 가시화하려는 흐름이 일었다. 이어서 "#OO_내_성폭력", "#GirlsDoNotNeedAPrince",

---

[1] 낸시 폴브레, 윤자영 옮김, 『돌봄과 연대의 경제학』, 에디토리얼, 2023, p.38.

"#WomenSupportingWomen" 같은 해시태그는 분노를 기폭제 삼아 빠르게 확산됐다. 남성에 의해 또 여성이 살해됐다는 뉴스, 특정 기업이 여성을 차별했다는 뉴스가 올라오면 사람들은 분노하며 해시태그를 달고 공유하며 '좋아요'를 눌렀다. 서로의 이름은 몰라도 같은 해시태그를 공유하고 있다는 것은 '연결되어 있다'는 감각을 일으켰다. 이 문제가 부당하다고 생각하는 것이 나만이 아니라는 것, 비슷한 경험을 했고 기꺼이 도움을 줄 사람들이 있다는 사실, 직접 해시태그를 달지는 않았어도 '좋아요' 버튼으로 공감하는 수많은 동지들이 있다는 것. 전파를 탄 정동으로 우리는 버틸 수 있었다.

이 에너지는 이제껏 공론장에서 배제된 여성들을 광장으로 불러냈다. 2018년의 혜화역은 페미니스트 여성들의 것이었다. 페미니스트에 대한 억압과 불법 촬영 편파 수사에 분노한 여성들의 '불편한 용기' 시위는 여섯 차례나 일어났다. 그전까지 광장을 어색하게 느끼던 여성들도 2018년에는 가슴이 뜨거워졌을 것이다. 여성혐오는 더 이상 숨길 수 있는 것이 아니며, 페미니스트가 바로 여기에 있다는 것을 우리는 이미 몇 차례나 증명했다. 물론 언론과 안티 페미니스트는 보고도 못 본 척하거나 시위의 메시지를 왜곡했지만. 이 글을 쓰며 나무위키를 읽어보다가 헛웃음이 났다. 이 시위는 '남성혐오' 시위였고 매우 폭력적이었으며, 일베나 박사모의 사주를 받았을 것이라고 한다. 폭력은커녕 이때도 여성들은 혹여나 해코지를 당할까 봐 선글라스나 마스크로 얼굴을 가리고 시위에 참여해야 했다.

2010년대 말에서 2020년대 초에는 '디지털 페미니즘'의 물결을 타고 다양한 여성 직업인 단체들이 생겨나고 있었다. '페미니스트 디자이너 소셜 클럽(FDSC)'을 비롯해, 여성 시각 예술인 네트워크 '루이즈 더 우먼(Louise The Women)', IT 업계의 페미니스트 네트워크 '테크페미(TechFemi)' 등이 비슷한 시기에 활동을 시작했고, 내가 몸담고 있는 여성 영상인 네트워크 '프프프(FFF)'도 2020년 탄생했다. 강남역 살인 사건과 페미니즘 리부트 이후 일상 속에서 페미니즘을 지속하려는 다양한 시도가 눈에 띄었는데, 그중에서도 페미니스트 여성 직업인 커뮤니티가 생겨났다는 것은 가치관을 공유하는 것을 넘어 실질적인 도움이 절실한 페미니스트가 많아졌다는 방증이었다. 팬데믹으로 미래에 대한 불확실성은 커져 갔고, 페미니즘이라는 가치와 생계 문제 사이에서 균형을 찾으려는 고민이 깊어지는 시기였을 것이다. 페미니스트에게 현실은 특히 가혹했다. 성차별은 일상적이었고, 일터에서는 부당한 일들이 끊임없이 발생했다. 이런 문제를 안전하게 이야기할 공간과, 현실적인 생존 방안을 모색할 동료가 필요했던 것이다.

2020년은 코로나19 바이러스가 창궐하며 비대면 커뮤니케이션이 새로운 기준으로 자리 잡던 시기였다. '메타버스(metaverse)'가 가장 핫한 키워드로 떠올랐고, 줌(zoom) 같은 새로운 커뮤니케이션 툴을 익혀야 했다. 기존에도 활발했던 온라인 여성 커뮤니티들은 이 시기를 거치며 더욱 확장되었다. 물리적으로 만날 수 없다는 제약은 오히려 비대면으로 손쉽게 네트워크를 형성하는 장점으로 작용했다. 느슨한 연대의 특성이 온라인에서 극대화되었고, 강한 소속감이나 부담 없이도 필요할 때 도움을 주고받을 수 있는 구조가 만들어졌다.

  프리랜서 영상 감독으로 막 활동을 시작하던 나도 프프프 활동을 하며 점차 안정을 찾았다. 촬영장이나 클라이언트로부터 겪은 부당한 일은 '대나무숲'에 익명으로 올릴 수 있었고, '구인구직' 채널을 통해 동료 여성들과 협업할 수 있었다. 사회적 거리두기 정책 때문에 커뮤니티의 사람들을 실제로 만나는 일이 많지는 않았지만, 줌을 통해 얼굴을 확인한 사람들과는 랜선 친분을 쌓기도 했다. 든든한 네트워크이자 친밀한 커뮤니티가 생긴 것이다. 더 연결되고 싶은 여성들을 위해 '여성 영상인 포럼(WFF2021)'이라는 비대면 행사도 개최했는데, 영상 제작업계의 차별 사례와 나아갈 길을 이야기하는 자리였다. 우리는 당시 유행하던 '개더타운(gathertown)'이라는 메타버스 공간에서 가상의 티테이블에 둘러앉아 가상의 차를 마셨다. 하지만 그때 나눈 이야기들은 진짜였고, 우리의 연대도 그랬다.

  그러나 디지털 페미니즘 운동은 통계도 잡히지 않았다. 대부분의 온라인 여성 커뮤니티는 폐쇄적으로 운영되었기 때문에 커뮤니티 안의 이야기는 기삿거리가 되지 못했고, 페미니즘 관련 해시태그는 상위 노출되지 않았기 때문이다. 언론은 여전히 혜화역 시위를 '남녀 갈등'이라고 부르고 싶어 했다. 정치권도 페미니스트에게서 눈을 돌렸다. 페미니스트는 '정치적'이어서는 안 됐다. 우리의 메시지가 정치 그 자체였음에도 불구하고, 정치에 대한 이야기가 나오는 순간 특정 정치세력과 결합했다는 음모론이 제기됐기 때문이다. 성차별은 마치 공기와 같았고 페미사이드(femicide, 여성을 상대로 한 살인 사건)는 매일 같이 일어났지만, 이내 언론도 우리를 주목하기를 멈췄고 세상은 극적으로 달라지지 않았다. 우리의 불안정성을 끊임없이 확인해야만 하는 잔인함 속에서, 분노는 점차 피로가 되었다. 계속해서 같은 분노를 반복하는 것이 무력하게 느껴지기도 했다. 이때 많은 여성들이 남자 친구와 싸우고 헤어졌으며, 비혼을 선언하고 가족과 불화를 경험했다.

잔인하게도 코로나19 팬데믹은 우리의 취약성을 더욱 적나라하게 드러냈다. 여성들은 노동시장에서 더 쉽게 해고됐고, 비정규직·서비스직·돌봄 노동과 같은 취약한 직군에 몰려 있던 여성들에게 위기는 더 가혹하게 다가왔다. 안전하지 않은 가정에서 벗어날 수 없었던 여성들, 생계와 돌봄을 동시에 떠안아야 했던 여성들, 직장을 잃고도 다시 노동시장으로 돌아갈 기회조차 보장받지 못했던 여성들. 국가가, 사회가 못 본 척하는 이 여성들을 온라인 공간만이 품을 수 있었다. 애석하게도, 팬데믹이 종식된 후에는 윤석열 정권이 등장했다.

액체 연대가
신체를
얻을 때

　액체는 유연하고 불안정하다. 주변 환경에 따라 고체로 굳기도 기체로 흩어지기도 하며, 그대로 머무를 수도 흐를 수도 있다. 손에 모으면 잡힌 듯하다가도 이내 흘러내린다. 이런 특성을 현대사회에 빗댄 지그문트 바우만의 책 『액체 현대』에서 한 글자만 바꿔서, 우리의 유동적이고 경계적인 연대를 '액체 연대'라고 불러본다. 바우만은 마치 공연을 보러 온 관객처럼 유사한 관심사를 기반으로 모였다가 다시 군중 속의 개인으로 흩어지는 공동체를 "짐 보관소로서의 공동체"[2]라고 하며, 정작 근본적인 문제를 해결하지 못하는 피상성에 아쉬움을 표한다. 나는 비슷한 맥락에서 액체 연대의 한계를 체감하면서도, 그 속에서 만들어질 가능성을 끝까지 놓치고 싶지 않다.
　　우리는 종종 트위터, 인스타그램 같은 소셜 네트워크 서비스(SNS)와 포털 사이트가 공적인 공간이라고 생각하지만, 온라인 공간은 알고리즘과 보안장치들로 상당 부분 사유화되었다. 온라인 환경은 거의 우리가 보고 싶은 것들로만 꾸밀 수도 있다. 알고리즘은 우리가 보기 싫은 것을 안 보도록 보호해 주며, 온라인 커뮤니티에 있다 보면 세상은

---

[2]　지그문트 바우만, 이일수 옮김, 『액체 현대』, 필로소픽, 2022, p.383.

아직 살 만하다는 생각마저 든다. 하지만 온라인 커뮤니티와 소셜 미디어는 현실 사회와 괴리가 있다. 현실에서는 과반수가 극우를 지지하거나, 여성과 소수자 인권에는 무관심하며, 그보다 부동산 가격이나 코인 투자가 더 중요하다고 생각할지도 모른다. 여전히 성차별은 우리 부모님 세대에나 있었던 일이며, 여성의 사회적·경제적 지위가 낮은 것은 여성 개인의 능력이 부족해서라고 믿는 사람들도 많다. 온라인 공간에 머무르다 보면 아이러니하게도 더 이상 그런 사람들을 설득할 필요를 못 느낀다. 그냥 편안한 사람들과 안전한 공간을 누리고만 싶다.

"너는 나를 완성해(You complete me)." 영화 〈다크 나이트〉에서 악당 조커가 배트맨에게 하는 말이다. 악당은 주인공이 있어야 의미가 있고, 주인공 또한 악당으로 서사가 완성된다는 짜릿한 대사다. 페미니스트 커뮤니티와 페미니스트에게 척박한 현실 세계를 이 척도에 놓는다면, 바깥세상이 추울수록 커뮤니티 안은 더 따스하게 느껴질까? 세계의 균형을 맞추기 위해 각자 주역(protagonist)과 악역(antagonist)의 자리에서 최선을 다하면 될까? 주디스 버틀러의 말을 빌리자면, 이 세계를 살아가는 것 자체가 "나와 너 사이의 관계(I am my relation to you.)"에 의해 일어나는 것이다.[3] '나'로서 존재한다는 것은, 모든 순간과 행위에 타인들

---

[3] 주디스 버틀러, 양효실 옮김, 『윤리적 폭력 비판』, 인간사랑, 2013.

과 연결되어 있다는 것이다.[4] 즉, '나'는 독립적으로 존재할 수 없다. '나'는 사회적인 존재이며 원하든 원하지 않든 세상과 영향을 주고받아야만 한다.

결국 하고 싶은 이야기는, 아쉽게도 안전한 온라인 공간에서 우리끼리만 행복할 수 없다는 것이다. 〈다크 나이트〉에서 조커가 하는 말을 오인해서 문자 그대로 안티 페미니스트가 있어야 페미니즘이 완전해진다고 생각하지 않기를 바란다. 완전히 틀린 말은 아니겠지만, 중요한 것은 그 관계에서 일어나는 행위들이다. 모든 개인은 타자, 사회와 연결되어 있고 서로 영향을 주고받는다. 어떤 페미니스트 여성은 그의 페미니스트 친구와도 관계하지만, 돈 버는 데만 관심이 있는 회사 대표와도 일해야 하고, 극우를 지지하는 가족 구성원과도 대화해야 할 것이다. 우리의 연대 또한 그렇다. 온라인에서는 페미니스트에 대한 공격으로부터 잠시 도피할 수 있겠지만, 현실을 차폐한 채 고여 있을 수는 없다. 커뮤니티와 커뮤니티 바깥의 세상은 독립적으로 존재할 수 없다. 앞서 말했듯이, 가부장제를 타파하자는 우리의 목표가 세상과 소통하며 조금씩 실현되어 갈 때, 우리의 연대는 오히려 생명력을 얻는다. 한나 아렌트와 주디스 버틀러에 따르면, 우리의 행동이 의미를 가지려면 우리가 공적인 공간에 '출현'할 수 있어야 한다. 정치적 행동을 위해 우리는

---

[4] 주디스 버틀러, 김응산·양효실 옮김, 『연대하는 신체들과 거리의 정치』, 창비, 2020, p.102.

타자들 앞에 나타나고 인식될 수밖에 없다.[5]

　　나는 스마트폰 중독자이며 하루에 6시간 정도를 가상공간에서 산다. 그만큼 기술과 네트워크가 주는 시공간의 자유와 익명의 연대를 사랑한다. 그렇지만 끊임없이 현실의 눈치를 보게 되는 것은, 이 공간이 가끔은 나를 더 고립시키기 때문이다. 익명의 온라인 여성 커뮤니티보다 프프프 활동은 조금 더 신뢰도 있는 관계를 형성할 수 있게 했지만, 관계의 밀도는 떨어졌다. 나는 인터넷에서 알게 된 사람이 실제로 키가 큰지, 평소 어떤 옷차림을 하는지, 말할 때 어떤 몸짓을 하는지 알 수 없다. 그 사람이 나를 만났을 때 어떻게 생각할지도 알 수 없다. 우리는 서로의 불안정성을 가정만 할 뿐, 정말로 알 수는 없는 것이다. 또 내가 보고 싶은 정보를 취사선택하며 자극을 찾아 헤매는 사이, 역설적으로 나는 더 무기력해진다. 중독적으로 '둠 스크롤링(doom scrolling)'[6]을 하면서, 스마트폰을 끄면 존재하지 않을 불안에 스스로 노출시키는 것이다. 스마트폰을 내려놓으면 현실의 고요가 가식적으로 느껴져 우울하다. 가상의 시공간에서 에너지를 고갈한 나머지, 물리적 현실에서는 아무것도 할 수 없다.

　　온라인 연대나 행동을 가상의 존재로 치부하고 역할을 과소평가하는 것은 아니다. 디지털 페미니즘은 나에게

5　주디스 버틀러, 같은 책, 창비, 2020, p.114.
6　불행을 뜻하는 '둠(Doom)'과 스마트폰, 인터넷 화면을 위아래로 움직이는 '스크롤링(Scrolling)'이 합쳐진 단어. 인터넷 기사, 소셜미디어 등에서 부정적이고 우울한 뉴스를 계속해서 소비하는 행위를 뜻한다.

페미니즘을 처음부터 가르쳐 주었고, 페미니스트로 살아도 안전할 수 있다는 걸 깨닫게 했다. 디지털 안전망이 존재하기에 현실에서 어려움을 더 잘 견딜 수 있으며, 정보의 확산력은 오프라인과 비교할 수도 없다. 온라인 네트워크가 아니었다면 서로를 발견하고 연결될 수 있는 기회조차 없었을 것이다. 개인의 해방과 자아실현, 일과 공동체가 모두 '액체화'되어 유동적이고 자유로워진 시대다. 온라인 연대는 이런 사회에 알맞은, 새로운 운동의 방식이다.

  한편 버틀러는 수행적 실천은 여러 신체들 "사이"의 공간에서 발생하고[7], 때로는 정치를 위한 공간(플랫폼) 자체가 집결의 목적이 된다고 했다.[8] 신체들의 집결과 이를 가능케 하는 공간은 연대의 수행과 정치적 의미 형성에 중요한 역할을 한다. 질 들뢰즈는 관계 속에서 형성되고 확산하는 에너지가 '정동(affect)'이며, 정동은 개인의 내부에만 머무는 것이 아니라 신체 간의 상호작용을 통해 생성되고 이동하며, 감각적이고 물리적인 방식으로 영향을 미친다[9]고 설명한다. 내가 가상공간과 관계들을 사랑하는 것과는 별개로, 페미니즘은 '불안정한 신체'에 관한 것이며, 신체들 사이의 정동과 에너지가 필요하다는 것, 그리고 이 신체들이 공적인 공간에 출현할 수 있어야 한다는 것을 무시할 수 없다.

---

[7] 주디스 버틀러, 같은 책, p.114.
[8] 주디스 버틀러, 같은 책, p.190.
[9] 질 들뢰즈, 서창현 옮김, 자율평론번역모임 편집, 「정동이란 무엇인가?」, 『비물질 노동과 다중』, 갈무리, 2005, p.37.

여기에서 '신체'가 꼭 물리적인 형태일 필요는 없겠으나, 가상의 신체가 불안정성을 대변하지 못한다면 그 신체들 사이에 일어나는 정동은 조금 아쉽다. 신체들이 출현할 수 있는 공간도 꼭 물리적인 공간일 필요는 없지만, 가상공간이 충분히 공적이지 않다면 '출현'의 의미가 퇴색한다. 액체 연대가 신체를 가진다는 말은, 우리의 신체와 공간이 충분한지 되새겨 보자는 뜻이다. 연대는 존재를 넘어 출현하고 인식될 수 있는 곳으로 흘러야 한다. 어쩌면 우리에게 신체(육체)가 있을 뿐만 아니라 신체가 곧 우리라는 사실을 오랫동안 잊고 산 건 아닐까?

프프프에서 오프라인 모임을 할 때마다, 대관 장소의 사장님들은 종종 우리를 '여대 동아리'로 착각하곤 한다. 가끔은 호프집 사장님과 밤새도록 페미니즘에 대해 토론하기도 한다. 우리는 단체로 방문하는 큰 손님이라서 사장님이 우리를 쫓아내지 못한다. 약간의 불편한 기색이 있으면서도 손님의 비위를 맞춰주려는 듯 결국은 이해한다며 웃어 보인다. 피곤하고 답답하기는 해도 나는 이 논쟁을 즐긴다. 사장님들이 다른 데서는 페미니스트를 욕할지언정 신체와 신체를 마주한 곳에서, 그리고 우리를 손님으로 맞이한 영업장에서 적어도 이해해 보려는 몸짓을 한다는 것이 재미있다. 만약 우리가 몇 명 안 되는 소규모 모임이었다면, 카페에서 눈치를 보며 '페미니즘'이라는 단어조차 조심스럽게 사용해야 했을지도 모른다. 조금이라도 소리를 높여 페미니즘 이야기를 하다가는 옆자리 안티 페미니스트로부터 공격을 받을 수도 있다. 그런 걱정을 하지 않는 것이 연대의 힘이고, 이 연대가 물리적인 실체를 가졌기 때문에 힘이 있는 것이다. 온라인에서 시작된 연대가 현실에서 실체를 갖게 되는 순간, 그것은 더 이상 가상의 개념이 아니라 사회를 변화시키는 실질적인 힘이 된다.

뭐라도
하고 싶은
마음

부끄러운 이야기지만, 나는 종종 트위터에서 페미니즘 관련 트윗을 리트윗하는 것만으로도 페미니즘을 실천한다고 착각했다. 또 프프프를 운영하고 있으니 페미니즘 운동에서 내 몫은 다하고 있다고 생각하기도 했다. 업계 내 페미니스트 여성들이 연결될 수 있는 플랫폼을 만드는 것도 중요한 일이며, 종종 프프프의 이름으로 정치적인 메시지를 내기도 했으니 말이다. 해마다 여성의날이 돌아오거나 큰 사건이 일어나면, 다른 단체들이 줄줄이 성명서를 발표한 뒤 뒤늦게 프프프 스태프 카톡 방이 술렁였다. "OOO도 성명서를 냈던데, 우리도 뭐라도 해야 하지 않을까요?" 한참 뒤에 손이 남는 스태프가 간단히 성명서를 써서 인스타그램에 게시했다. 우리를 팔로우하는 회원들은 포스트에 '좋아요'를 눌러 주고 스토리에도 올려 주었다. 그런 게시물을 올릴 때마다 안도감과 불편함이 동시에 일었다. 이 게시물이 세상을 바꿀 수 없다는 것을 실은 모두가 알고 있다. 프프프의 인스타그램은 팔로워의 90% 이상이 페미니스트 여성인 반향실이기 때문이다. 나도 빠질 수 없다는 'FOMO(Fear Of Missing Out, 뒤처지는 것에 대한 두려움)'에서 비롯된 보수적인 행위였을 뿐이다. 우리가 정말로 의미 있는 행위를 하고 있다는 감각, 우리의 목소리가 정치에 실제로 반영될 거라는 믿음, 즉 '효능감'을 느끼기 위해서는 결국 우리의 신체가 더 인식될 수 있는 공간으로 나아가야 했다.

    2024년 9월, 나와 비슷하게 생각하는 프프프 회원 여러 명은 카페나 대관 장소가 아닌 광장에 모이기로 했다. 여성들이 광장에 모일 사유는 끊이질 않았다. 2018년 '불편한 용기' 시위로 여성들이 혜화역에 쏟아져 나온 뒤 6년 만에 다시 혜화역에서 시위가 일어났다. 2018년, 카메라가 여성의 몸을 훔쳐보고 기록하며 소비하는 방식에 저항하기 위해 여성들은 얼굴을 가리고 거리에 섰다. 하지만 6년이 지난 2024년, 불법 촬영은 근절되기는커녕 AI를 사용한 딥페이크 영상으로 진화해 있었다. 집회 소식을 프프프에 공유하자 회원들은 기다렸다는 듯이 동참했다. 내심 회원들도 시위 참여까지는 부담스러워하지 않을까 하는 마음이 있었는데, 모두 조금이라도 더 살 만한 사회를 위해 행동할 준비가 되어 있었다는 사실을 다시금 깨달은 순간이었다.

    그날 우리는 검은 옷을 입고 마스크를 쓰고 모였다.

드레스코드 '검정'은 2016년 10월 초 폴란드에서 생식권(reproductive rights)에 대한 애도의 표시로 검은 옷을 입고 낙태죄 폐지를 촉구한 '검은 시위'를 본떴고, 마스크는 행인들의 불법 촬영과 신원 노출을 우려한 권고 사항이었다. 들뜬 마음으로 프프프 깃발을 만들어 갔는데 현장에서는 펼칠 수 없어 아쉬웠다. (이때 만든 깃발을 탄핵 시위 내내 요긴하게 썼다.) 주최 측에서 안전사고를 우려했던 것 같다. 아무튼 우리는 소풍 온 듯 둘러앉아 구호를 외치고 노래를 불렀다. 시위 후에는 다 같이 식사를 하러 갔는데, 혹시나 시위 참여자를 홀대할까 싶어 검정색이 아닌 다른 색 옷을 걸쳐 입었다. 그래도 많은 사람들 곁에 있었기에 두렵지는 않았다. 우리의 목소리가 혜화역을 넘어 국회로, 대통령실로도 퍼져 나갔으면 하는 마음뿐이었다. 여전히 마스크를 써야 했고 누군가의 눈치를 봐야 했지만, 이렇게 많은 여성들이 같은 마음으로 광장에서 연대하는 것을 목도하는 것만으로도 벅차올랐다.

"뭐라도 하고 싶었어요." 시위에 참석한 사람들이 입을 모아 했던 말이다. 다들 눈치를 보며 답답한 심정을 신체로 표출하기 위한 통로를 찾아 헤맸다. 무사유는 무감각으로 이어진다고들 한다. 일이 바쁘면 뉴스를 볼 여유조차 생기지 않는데, 이러다가 사유하지 않게 될까 봐, 결국 무감각해질까 봐 두렵다. 나와 비슷하게 다른 여성들도 조금씩 이런 불안과 부채감을 안고 광장으로 모이는지도 모르겠다. 안타깝게도 여성들은 먹고살기 훨씬 더 힘든 상황에 처해 있다. 사유하고 감각할 시간조차 빼앗긴 것이다. 우리는 절대 무감각해지지 않았으나, 타의에 의해 잠시 무기력해졌을 뿐이다. 그럼에도 힘을 내서 행동하기로 했다. 그래야만 하니까.

　　뜨거운 가슴을 안고 시위에서 돌아와 스마트폰을 확인했을 때, 뜻밖의 실망감을 기억한다. 그날의 시위는 내 인스타그램과 트위터 피드에서나 하루 정도 회자되었다. 8시 뉴스나 조간신문에는 거의 실리지 않았다. 집회 현장에서는 신원 노출과 악용을 우려해 행인의 사진 촬영도 철저히 금지하고 허가받은 언론사만 촬영할 수 있었는데, 소수의 진보적 매체만 인터넷 기사로 시위 소식을 다뤄준 것이다. 사진 촬영을 금지했기 때문일까, 시위가 충분히 격렬하지 않았기 때문일까, 혹은 이것이 페미니즘 시위였기 때문일까? 광장의 여성은 이런 식으로 지워지며 특히 여성들이 모여 페미니즘을 외칠 때 더 외면받는다. 사회는 이런 식으로 여성들의 입에 마스크를 씌우고, 여성들의 목소리를 노이즈 취급한다.

　　복지나 노동 문제는 당연하게 정치 영역에 포함되는데, 이상하게 여성 의제는 정치에 포함을 안 시켜준다. 2030 여성들은 투표율도 높고 정치적인 판단을 할 때 페미니즘 문제를 중요한 기준으로 삼는데도, 정치판에서는 페미니즘을 존재조차 하지 않는 것으로 여겼다. 사회가 여성들의 정치 참여를 인정하지 않으며, 정치 세력화되는 것을 의도적으로 막고 있다. 제22대 국회의원 중 여성의 비율은 아직도 20%에 지나지 않으며, 이 중에서도 페미니스트를 대변할 의원 수는 더 적고, 페미니스트인 의원마저 표심을 잃을까 봐 페미니즘을 적극적으로 외치지 않는 세상이다. 사실은 그게 우리가 이제껏 효능감을 느끼기 어려웠던 근본적인 이유일 것이다. 가부장적 사회의 유리 반향실에 페미니스트들이 있다. 그러나 포기할 수는 없다. 포기해서는 안 된다. 페미니즘도 복지나 노동처럼 생존의 문제이기 때문이다. 더 이상 외면할 수 없을 때까지 몇 번이고 우리의 불안정성을 공론장에 내보여야 했다.

이 시국의
페미니스트

2017년, 당시 더불어민주당 대통령 경선 후보였던 문재인 후보가 발언하는 중에 성소수자 활동가가 차별금지법 통과를 요구하자 청중들이 "나중에!"를 외친 사건을 기억한다. 지지자들은 그 외침이 발언을 나중에 하라는 의미였다고 하지만, 실제로 차별금지법도 '나중에'가 되었다. 이렇게 여성 인권은 언제나 민주주의의 후순위 취급을 받는다. 마치 민주주의가 완벽하게 다 이루어지고 난 다음에 운이 좋으면 조금씩 개선되는 옵션 같다. 사람들은 흔히 민주주의와 페미니즘이 별개인 것처럼 말한다. 민주주의는 '국가의 주권과 권력이 국민에게서 나오는 체제'이며, 민주주의에서 모든 국민은 법 앞에 평등하다. 그러나 페미니즘 없이는 모든 국민이 법 앞에 평등할 수 없으며, 국가의 권력이 국민을 대변하지도 못한다. 앞서 언급한 "가부장제와 불평등은 공진화한다"라는 문장도 같은 맥락이다. 페미니즘은 민주주의의 옵션이나 부속품이 아니라 민주주의의 열쇠다.

윤석열 탄핵 시위에 2030 여성이 집결한 것은 확신했기 때문이다. 첫째, 윤석열 정부가 이 정도로 형편없던 것은 그의 정치가 안티 페미니즘에 기반했기 때문이다. 윤석열은 후보 시절부터 '여성가족부 폐지'를 외치며 차별받는 여성들의 비명을 억누르고 가부장적인 정치를 해왔다. 국민들의 안전과 평등은 뒷전인 채 권력에만 눈이 먼 정치는 필패한다. 둘째, 다른 페미니스트도 함께할 거라는 믿음이 있었기 때문이다. 연구에 따르면, 시민운동에 참여하는 가장 중요한 동기는 '다른 사람도 마찬가지로 행동할 거라는 확신'이라고 한다.[10] 윤석열이 비상계엄을 선포하기 전, 나와 프프프의 몇몇 사람들은 더 이상 여성들의 죽음과 차별 소식에 화난 표정의 이모지나 '리트윗'으로만 응수하지 않고 함께 거리로 나오기로 했다. 혜화역에서 열린 '딥페이크 엄벌 촉구 시위'에 단체로 참여한 것도 그 때문이다. 마지막으로 민주주의는 목소리로 실현된다는 뼈아픈 깨달음을 얻었기 때문이다.

---

[10] 프리데만 카릭, 김희상 옮김, 『우리의 싸움은 아직 시작도 하지 않았다』, 원더박스, 2024, p.59.

잔인하지만 권력은 '더 잘 보이는 이들'에게 배분된다. 그래서 사람들은 경쟁적으로 주목받으려 한다. 존재를 증명하고 목격되기 위해 더 큰 목소리를 내고 더 많은 공간을 점유하려 한다. 보이지 않는 존재는 결국 정치적으로도 사회적으로도 힘을 얻지 못한다. 아마도 나를 비롯한 페미니스트들은 더 이상 숨는 일에 지쳐버린 것이다. 온라인에서는 아무리 소리를 질러도 해소되지 않는 신체의 갈망이 있다. 광장은 여전히 여성들에게 위협적이거나, 우리의 목소리를 방음부스처럼 흡수해 버리지만 이제 다시 가시화할 필요가 있다. 더 이상 우리를 지워낼 수 없도록, 더 넓은 광장으로, 더 시끄럽게, 더 잘 보이는 피켓을 들고 나가야 했다.

〈시국의 여자들〉

계엄 이후 두 번째 시위가 막 끝나갈 무렵이었다. 그날은 국회에서 대통령 탄핵안이 가결된 날로, 여의도에 엄청난 인파가 몰렸다. 숨이 막히도록 많은 사람들이 달뜬 얼굴로 "윤석열을 탄핵하라!"을 함께 외치며 숨죽여 표결 결과를 지켜보고, 에스파의 〈Whiplash〉에 맞추어 춤을 추었다. 무소불위의 권력을 휘두르는 대통령을 민주적으로 끌어내렸다는 안도감도 잠시, 유쾌하지 않은 기시감과 무기력이 나를 찾아왔다. 사람이 너무 많아 탑승할 수 있는 지하철역을 찾을 때까지 엄청난 거리를 걸어야 했고, 응원봉 불빛에 의지하기에는 한겨울 추위가 너무 매서웠기 때문인지도 모른다. 아니면 이 고생을 반복하고야 말았다는 낙담이었으려나. 고백하자면, 집회 현장의 밝게 달아오른 얼굴들이 조금 원망스러웠고, 내가 그중 하나라는 것이 부끄럽게 느껴지기도 했다. 우리는 왜 탄핵의 역사를 반복하고 있고, 왜 막지 못했으며, 이 많은 일이 일어났음에도 다음 대통령이 더 나을 거라는 확신이 들지 않을까? 계엄 선포 전부터 내가 좀 더 적극적으로 행동했다면 조금 더 나은 세상을 만드는 데 기여할 수 있었을까?

고민이 깊어질 무렵, 프프프를 통해 연을 맺은 이지민 촬영 감독에게서 연락이 왔다. 영상인으로서 우리가 뭘 할 수 있을지 생각해 보자고 말이다. 사실 그 고민을 안 해본 것은 아니었다. "우리가 이 역사적인 순간을 다큐멘터리로 찍어야 하나?" 하는 이야기를 프프프 회원들과 나눴다. 하지만 다들 선뜻 나서지 않았다. 이미 탄핵 유경험자들이라 이 과정이 얼마나 지난할지 알고 있었기 때문이다. 또 춥고 복잡한 집회 현장에서 무거운 카메라를 들고 안정적으로 촬영하는 것이 쉬운 일이 아니며, 긴 호흡으로 영상을 완성해 내는 것은 정의감만으로 되지 않음을 다들 알기 때문이었다. 그런 고민을 함께 나누다 보니 예상외로 질문과 답이 간결해졌다. 대단한 걸 만들려고 하지 말고, 우리가 하고 싶은 것을 가볍게 하면 되는 거였다. 우리가 하고 싶은, 광장에 여성이 있다는 사실을 증거로 남기는 것 말이다. 거리로, 광장에 나오면서 두렵지는 않았는지, 페미니스트로서 탄핵 시위에 참여하는 것은 어떤 의미인지도 듣고 싶었다. 그렇게 해서 민주주의와 페미니즘은 결국 동의어라고, 여성은 언제나 광장의 주인이었노라고 말하고 싶었는지도 모른다.

그렇게 〈시국의 여자들〉 프로젝트를 시작했다. 이는 시위 현장의 여성들을 간단하게 인터뷰한 뒤 인스타그램에 영상을 올리는 프로젝트로 진화해 갔다. 놀러 가듯 부담 없이 촬영을 하고 편집을 분담하는 구조를 만들었다. 어차피 집회에 나가는 김에 카메라를 들었고, 카메라가 없으면 스마트폰으로 촬영을 했다. 역사적인 순간을 우리가 기록한다는 자부심, 그리고 이제껏 외면받아 온 여성의 존재를 우리가 가시화한다는 사명감도 들었다. 첫 영상을 올리자마자 반응이 꽤 좋았다. 첫 탄핵 시위 이후 2030 여성들의 활약을 다루는 기사는 많았지만, 여성들의 신체와 목소리가 생생하게 담긴 미디어는 드물었다. 가장 많이 달리는 댓글은 "나도 저 현장에 함께했다"라는 자랑스러운 증언이었다. 우리는 시위 현장을 기록했을 뿐이지만, 그 영상이 사람들에게 자신이 그 순간 거기에 있었다는 사실을 확인해 주고 서로의 존재를 재확인하는 계기가 되고 있었다. 현장에서 만난 여성들은 광장에 나온 이유를 이렇게 이야기했다.[11]

---

[11] 〈시국의 여자들〉 인스타그램(@fff.demo.archive)에 업로드된 인터뷰 콘텐츠를 내용과 취지를 유지하되, 구술된 내용을 서면으로 정리하는 과정에서 일부 표현을 다듬고 각색했다.

> "가장 절박한 사람들이 모인다고 생각해요. 2030 여성들이 취약한 사람들이기도 하고, 생계에도 위협을 느꼈기 때문에 이렇게 모일 수밖에 없었어요."

> "사회 문제가 일어났을 때 들고 일어나야 한다는, 우리가 나와서 목소리를 내야 한다는 인식이 2030 여성들에겐 굉장히 익숙한 것 같아요. 여성들이 특히 윤석열 정권 때 수난이 많았잖아요."

분노가 가라앉을 새 없는 정치적 상황이었지만, 여성들은 희망을 찾으러 광장으로 왔다. 더 이상 물러설 곳이 없었는지도 모른다. "안티 페미니스트 정치의 말로"[12]를 목격했고, "폭주하는 남성성의 시대"[13]를 우리 손으로 끝내야만 했다. 그런 사명감을 품고 모였지만 우리가 광장에서 발견한 것은 더 있었다.

> "공간의 소중함을 광장에서 더 깨달았어요. 광장에 페미니스트 여성들이 이렇게 함께 있어서 저에게 큰 힘이 되었어요."

---

[12] 민주주의 구하는 페미-퀴어-네트워크에서 제작하고 배포한 피켓 문구.
[13] 위와 같음.

"안녕하지 못한 동시에 어느 정도 희망이 생기는 이유는, 그동안 많은 집회에 참석했지만 이만큼 다양한 사람들이 참석한 게 오랜만인 것 같아서요."

"여성들이 많이 외로웠구나, 하는 생각을 했어요. 광장에서 서로 연대할 수 있는 분위기가 좋아요."

어쩌면 우리는 구조적으로 외로울 수밖에 없다. 날로 자본주의적 개인주의는 확산하지만 우리는 여전히 전통적인 집단주의의 유산 속에서 살아간다. 개인의 능력을 끌어올려 경제적으로 성공해야 한다는 압박, 가부장제에 저항하고자 하는 페미니즘적 가치관과 부모를 거스를 수 없는 전통적인 가치관이 늘 충돌한다. 낸시 프레이저는 신자유주의적 페미니즘이 여성들에게 '더 많은 선택지'를 제공한다고 주장하지만, 정작 그 선택을 실현할 수 있는 구조적 지원은 결여되어 있다고 지적한다.[14]

여성들이 노동시장에 진입할 기회는 늘어났지만 그 기회를 잡기 위해서는 돌봄과 가사 노동을 스스로 해결해야 하며, 이는 곧 경제적 능력이 부족한 여성들을 더욱 취약한 상태로 만든다. 신자유주의적 개인주의는 여성들의 연대를 약화시키고 사회적 돌봄의 책임을 국가와 공동체가 아닌

---

[14] Nancy Fraser, "Fortunes of Feminism: From State-Managed Capitalism to Neoliberal Crisis", Verso Books, 2013.

개인에게 떠넘긴다. 가장 안전한 보호막이 되어야 할 가정은 이렇듯 불안정하니, 여성들은 개인주의와 신자유주의가 팽배한 망망대해에서 고통을 함께 견딜 연대체를 찾아야만 했다. 그런데 그런 여성들이 오늘 광장의 주인으로 자리매김한 것이다. 그리고 탄핵 소추안 가결 이후, 우리는 드디어 '페미니즘의 효능'을 맛보기 시작했다.

> "제 인생에서 이보다 더 큰 성과를 이뤄낼 수 있을까요? 저희 또래 여자들은 성과가 드러나는 걸 겪기 힘들었잖아요."

> "여성들이 스스로 정치 광장에 나와서 승리의 기운을 얻고 간 것, 효능감을 느끼고 간 것이 앞으로 민주사회 발전에 큰 도움이 될 거라 생각합니다."

한편 언론은 이 시위를 '케이팝 팬 문화'나 '아이돌 덕질'과 같은 한 부분에서만 설명하려 한다. 마치 여성들의 거대한 조직력과 연대가 응원봉을 흔들며 아이돌을 지지하는 팬덤 문화에서 비롯된 것처럼 가볍게 이야기하고 싶어 하는 듯하다. '2030 여성' 대신 '응원봉 시위대' 따위의 말을 붙이며 '여성'을 언급하기 꺼리는 것 같기도 하다. 일부는 사실일지 모른다. 하지만 이 연대는 취향의 공유나 좋아하는 대상을 향한 헌신과는 본질적으로 달랐고 연대의 조직력이 거기에서 나온 것도 아니었다. 우리의 신체가 침묵 당한 경험에서 출발했고 그것을 가시화하는 과정에서 끈끈한 연대가 형성됐다. 이 시국의 여자들은 안전이 보장된 공간에서만 오랫동안 숨어 지내야 했던 신체를 공론장에 드러내고 있다. 이것은 우리가 빼앗긴 발언권을 되찾고, 더 이상 신체를 가리지 않겠다는 선언이기도 하다.

우리가 카메라로 담은 것은 단순한 '기록'이 아니라, 이 연대가 실체를 갖고 있다는 '증거'였다. 그리고 그 실체는 점점 더 많은 사람들을 끌어들이며 점점 더 공고해지고 있었다. 영상이 많아질수록, 참여하는 사람들이 늘어날수록, 이 연대가 가상의 파동이 아니라 세상을 바꾸는 운동임을 실감했다. 우리는 거기에 있었다. 그것만으로도 충분히 의미가 있다. 존재한다는 것, 존재감이 있다는 것.

굽이쳐 흐르며
갈라지고 합쳐지는

넷플릭스 시리즈 〈성난 사람들〉의 두 주인공 에이미 라우(앨리 웡)와 대니 조(스티븐 연)는 모두 아시아계 미국인이다. 이민 2세대 디아스포라(diaspora, 본래 살던 땅을 떠나 이국에서 사는 사람들)라는 공통점이 있고, 아마도 그 공통점이 그들의 성질을 돋우는 것 같다. 하지만 내가 이 시리즈를 좋아하는 이유는 이야기의 초점이 그들의 공통점보다 차이점에

가 있기 때문이다. 극 중 에이미는 성공한 사업가인 반면 대니는 하는 일마다 잘 풀리지 않는 가난한 신세다. 에이미는 부모님에게 받은 상처가 있지만 대니는 그렇지는 않아 보인다. 에이미가 모는 티끌 한 점 없어 보이는 고급 SUV와 대니의 오래된 먼지투성이 픽업트럭이 이들의 처지를 대변하는 듯하다. 그들이 서로 대면하는 순간 단번에 아시안이라는 공통점을 발견하지만, 오히려 열등감과 배신감을 비롯한 알 수 없는 감정들로 관계는 파국으로 치닫는다.

  이 시리즈는 할 수 있는 한 최선의 해피엔딩으로 끝난다. (어떻게 끝나는지는 꼭 직접 확인해 보기를 바란다.) 하지만 이 해피엔딩이 소수자성을 공유하는 데서 오는 것만은 아니다. 오히려 서로의 다름을 깨닫고 각자의 취약점을 가진 신체로서 서로 유대할 때 오는 해피엔딩이다. 다름을 포용한다는 것은 불안정성을 개인의 탓으로 돌리지 않는 것이다. 우리는 실패를 개인의 책임으로 돌리는 세계에서 살아간다. 대니는 가난하고 에이미는 경제적으로는 성공했지만 가정에 충실하지 못한 데서 오는 죄책감에 시달린다. 이 둘의 갈등은 단순히 두 사람이 서로를 증오해서 벌어진 일이 아니다. 사회가 만들어 낸 불안정성, 그리고 그 불안정성을 스스로 감당해야 한다는 압박이 관계를 파국으로 몰아간 것이다.

  결말에 이르러서야 이들은 서로를 증오할 필요가 없음을 안다. 각자의 상처와 취약성을 드러낸 순간, 상대를 적이 아닌 연대할 수 있는 존재로 인식하니까. 대니는 에이미가 그저 '잘난 사람'이 아니라, 끊임없이 타인에게 보답해야 하고 자신을 증명해야 하는 위치에 놓인 사람이라는 걸 이해한다. 에이미는 대니가 그저 무능한 게 아니라, 시스템적으로 실패를 강요받아 온 사람이라는 걸 깨닫는다. 이 깨달음이야말로 연대의 출발점이 아닐까. 연대는 비슷한 사람끼리만 모여 서로를 지지하는 것이 아니다. 오히려 서로 다른 존재들이 다름을 인정하면서도 연결될 가능성을 실험하는 과정이다. "우리는 같은 처지야"라고 말할 수 없을 때 종종 연대는 실패하곤 한다. 하지만 진정한 연대는 모두가 같은 위치에 있지 않더라도 각자의 불안정성을 인정하고 함께 살아갈 방법을 찾는 것에서 시작될 수 있다.

나는 민주주의와 페미니즘이 다양성을 존중하는 것이라고 믿는다. 그것이 민주주의의 목표일 뿐만 아니라 가장 자연스러운 형태라고 생각한다. 자연은 단순할 때 가장 취약하고 복잡하고 다양할 때 가장 생명력 있기 때문이다. 소수자들의 연대는 그래서 필요하다. 연대는 단지 억압에 저항하기 위해 만들어지는 것이 아니다. 우리의 목표는 가부장제 타파지만, 거듭 말했듯 그것이 실현된다고 해서 연대가 해체되지는 않는다. 바우만이 액체 현대의 연대를 "짐 보관소로서의 공동체"라고 부른 것처럼, 어떤 사람들은 연대를 '임시적인 결속체'로 여긴다. 나는 연대가 그것보다 훨씬 지속적인, 사회를 구성하는 새로운 방식이라고 생각한다. 연대는 다양한 개인들이 서로 관계 맺는 방식이다. 스마트폰을 꺼도 뉴스거리가 없어도 연대는 계속된다. 개인을 고립시키고 경계를 짓는 현대사회에서, 액체 연대는 서로 다른 존재들이 연결되도록 하는 힘이기 때문이다.

원래 〈시국의 여자들〉의 소개 글은 "민주주의의 중심에서 싸우는 페미니스트 여성들을 기록하는 프로젝트"였다. 그런데 '페미니스트'를 지우고 '여성'으로 바꿨다. 인터뷰에 응해 준 여성들이 자신을 '페미니스트'로 정체화하지 않았을 수도 있고, '페미니스트'로 특정될 경우 그들의 신원이 걱정되기도 했다. 이런 우려 때문에 소개 글을 수정하기는 했지만 어쩐지 뒷맛이 쓰다. 내내 말했듯 나는 민주주의는 페미니즘과 다르지 않다고 생각하기 때문이다. 민주주의를 실현하기 위해 광장에 나선 여성들은 분명 페미니스트일 것이다. 폭압적인 권력에 저항하고 모든 이의 인권이 존중받는 사회를 꿈꾸는 존재이기 때문이다. '여성' 대신 '페미니스트'라는 단어만 남겨두어야 할지는 앞으로 고민할 숙제다. 가부장제가 완벽하게 타파되지 않는 이상 '여성'이라는 정체성 또한 사회적으로 의미가 있기 때문이다. 누군가를 배제하거나 선 긋는 데 정체성을 사용하지 않으면서도 자신을 적절하게 호명할 이름을 우리는 여전히 흔들리며 찾아가고 있다.

나는 '디지털 네이티브'라고 하기는 어렵지만 적어도 그 언저리에 있는 세대로서 '가상이 현실을 구할 수 있는가'에 대한 질문을 계속 던져 왔다. 온라인 플랫폼들은 때로 우리를 불타오르게 하고 무수한 사건이 일어나는 온상이 되기도 하면서, 우리를 깊은 무기력으로 밀어 넣기도 한다. 코로나19를 겪으며 많은 2030 여성들이 우울증을 경험한 것도 그 때문이었을 것이다. 우리는 온라인에서 함께 분노하고 위로받지만 동시에 더 깊이 침잠하며 무력감을 느낀다. 연대의 공간이 될 수도 고립의 공간이 될 수도 있는 이 이중성 속에서, 연대는 결국 온라인과 오프라인을 가로지르는 길 위에서 찾아야 했다.

나는 모든 이들이 한 번쯤은 광장에서 소리쳐 본 사회를 꿈꾼다. 모든 어설프고 불안정한 신체들이 망설임 없이 광장으로 모이기를 바란다. 광장은 소수의 특권이 아니라 아직 도착하지 않은 모든 이들을 위한 공간이어야 한다. 민주주의와 페미니즘이 진정으로 다양성을 존중하는 것이라면, 서로 다른 연대들이 교차하고 연결되며 확장할 수 있도록 광장은 대양처럼 넓어져야만 한다. 연대는 닮은 존재들이 모여 동질감을 확인하는 안정된 울타리가 아니라, 서로 다른 존재들이 함께 사는 법을 찾아가는 과정이다. 우리는 앞으로도 불안정하고 불완전할 것이다. 응집하고 퍼지며, 나뉘고 다시 만나며, 균열을 따라 흐르며 연대를 지속하자.

**이토록 평범한 내가
광장의 빛을 만들 때까지**

초판 1쇄 발행   2025년 4월 12일

지은이   이유정, 신지현, 최윤주, 이지윤, 탐, 박수빈, 김후주, 생강, 엄지효

펴낸이   정동윤
기획   임소희
편집   최윤영
디자인   박서정
엽서 사진   신지현(@UNION_of_BLOOD), 이유정
책싸개 사진   신지현(@UNION_of_BLOOD)

펴낸곳   롤링다이스
등록   2016년 2월 29일 제 25100-2016-00021호
주소   경기도 고양시 권율대로 668, 209-2호
이메일   ebook.rollda@gmail.com
트위터(현 엑스)   @rollingdices00

ISBN 979-11-6089-613-8 (03330)
정가 17,800원

© 이유정, 신지현, 최윤주, 이지윤, 탐, 박수빈, 김후주, 생강, 엄지효, 2025